Friedrich Nippold

Die vertrauten Briefe des Erzbischofs Spiegel von Köln

Friedrich Nippold

Die vertrauten Briefe des Erzbischofs Spiegel von Köln

ISBN/EAN: 9783744671651

Hergestellt in Europa, USA, Kanada, Australien, Japan

Cover: Foto ©ninafisch / pixelio.de

Weitere Bücher finden Sie auf **www.hansebooks.com**

Die vertrauten Briefe

des

Erzbischofs Spiegel von Köln.

Von

D. Friedrich Nippold,

o. o. Professor der Theologie in Jena.

Barmen 1889.

Verlag von Hugo Klein.

Ferdinand August
Graf von Spiegel zum Desenberg,
Erzbischof von Köln.

Einleitung.

Die nachfolgenden Briefe sollten ursprünglich dem zweiten Bande von D. Nippolds „Handbuch der neuesten Kirchengeschichte" (bei Wiegandt & Schotte, Berlin), welcher die Geschichte des Katholizismus seit der Restauration von 1814 behandelt, einverleibt werden. Mit Rücksicht auf die zu große Ausdehnung des Bandes mußte hiervon Abstand genommen werden, während ihre baldige anderweite Veröffentlichung in Aussicht gestellt wurde. Diese ist zunächst im „Deutschen Merkur" in München 1883 erfolgt; es scheint aber wichtig, sie aus der vorübergehenden Form einer Zeitschrift loszulösen und selbständig ausgehen zu lassen.

Die Mitteilung dieser vertrauten Briefe ist eine vollständige, es fehlt nichts außer den Grußformeln. Deshalb mußten auch diejenigen Briefe, welche schon im Leben Bunsens abgedruckt wurden, aufgenommen werden, um so mehr, als die dort mitgeteilten Stücke an verschiedenen Orten zerstreut sind. Weitaus das Wich=

tigste liegt übrigens in den andern Briefen. Sodann ist zu bemerken, daß der Inhalt der einzelnen Briefe übersichtlich nach den verschiedenen darin behandelten Gegenständen geordnet ist.

Um aber diesen Briefwechsel voll und ganz würdigen zu können, bedarf es einer vorläufigen Kenntnis von Spiegels Person und Amt.

Der Erzbischof Ferdinand August von Köln, der Sohn des nachmals in den preußischen Grafenstand erhobenen Freiherrn Theodor Hermann von Spiegel zum Desenberg, kurkölnischen Geheimrats, war einem der ältesten Adelsgeschlechter Kölns und hernach Westfalens, welches schon im vierzehnten Jahrhundert dem Hochstift Paderborn einen Fürstbischof gegeben, entsprossen. Seine Mutter war Maria Adolfine Freiin von Landsberg. Geboren auf Schloß Kanstein am 25. Dezember 1764, erhielt er seinen Vorbereitungsunterricht von einem Hauslehrer, bezog dann früh als Edelknabe des Fürstbischofs von Fulda das dortige zur Ausbildung des jungen Adels errichtete Konvikt und erhielt neunzehn Jahre alt eine Dompräbende zu Münster, wo er alsdann seine Studien mit Bevorzugung der Rechtswissenschaft fortsetzte. Getreu dem schon im fünfzehnten Lebensjahre gefaßten und durch frühen Empfang der Tonsur bekundeten Entschluß, in den geistlichen Stand zu treten, empfing er am 6. Dezember 1799 die Priesterweihe. Durch den

Kurfürsten-Erzbischof von Köln und Bischof von Münster, Maximilian Franz, erhielt er das mit der fünften Prä= latur vom Hochstift Münster versehene Archidiakonat; bald darauf wurde er münsterscher Geheimrat und Dom= dechant.

Wie die spätere Verwaltung des Erzbistums Köln, so ist schon diese frühere Periode in Spiegels amtlicher Thätigkeit von der Partei seiner siegreichen Gegner in ein möglichst ungünstiges Licht gestellt worden, während sein nachmaliger Gegner Droste bereits in seinem ersten Konflikt mit Spiegel als „Bekenner" erscheint. That= sache ist, daß, als der Erzherzog Franz Anton die Wahl zum Kurfürstentum Köln und Fürstbischof von Münster abgelehnt hatte, die Wahl eines Kapitelvikars streitig wurde. Die beiden späteren Kölner Erzbischöfe haben sich schon bei diesem Anlaß als Rivalen gegenüber= gestanden. Den Entscheid gab ein Dekret des damals noch seine Herrschaft in den Rheinlanden behauptenden Kaisers Napoleon, vom 14. April 1813, wodurch der Dombechant Spiegel zum Kapitelsvikar ernannt wurde. Unter Androhung der strengsten Strafen wurde derselbe genötigt, nach Paris zu reisen und am 27. Juni 1813 den Treueid in die Hände der Kaiserin Marie Luise zu leisten, nachdem man ihm versichert, der Kaiser besorge die Ausgleichung mit dem Papste. Die „Kölner Kirchen= geschichte" von Konrad Albrecht Ley (Köln 1883,

S. 663) erwähnt zwar diese Thatsachen ebenfalls, stellt aber gleichzeitig den Freiherrn Clemens August von Droste=Bischering als den durch das Domkapitel ge= wählten „rechtmäßigen" Kapitelsvikar hin. Da dies aber das gleiche Domkapitel ist, welches Droste selber nachher „nicht als ein kirchlich rechtmäßiges anerkennen konnte", so liegt der innere Widerspruch der ganzen Erzählung auf der Hand. Um unsere Leser zur selb= ständigen Prüfung in Stand zu setzen, führen wir den Ley'schen Bericht wörtlich an: „Der rechtmäßige Ka= pitelsvikar Clemens August weigerte sich, den vom Papst nicht anerkannten Bischof als Oberhirten der Diözese Münster gelten zu lassen, und erklärte sich erst nach vielen Unterhandlungen damit einverstanden, daß Spie= gel zum zweiten Kapitelsvikar gewählt werde, wofern derselbe vor der Wahl das schriftliche Versprechen geben wolle, daß er sich nicht als den eigentlich rechtmäßigen, sondern nur als den substituierten zweiten Kapitelsvikar ansehen, von ihm als dem ersten Kapitelsvikar ein Sub= stitutionsinstrument entgegennehmen und die Diözesan= Verwaltung nur in der Eigenschaft als Substitutus füh= ren werde. Da der ausländische Machthaber von dieser Substitution keine Kenntnis erhalten durfte, so formu= lierte Klemens August das Zirkular, durch welches er den Pfarrern der Diözese den Übergang der päpstlichen Verwaltung an Ferdinand August anzeigte, in einer

Weise, welche diesen als erwählten Kapitelsvikar er=
scheinen ließ. Nach dem Sturze Napoleons nahm Cle=
mens August auf Befehl des Papstes, von dem er wegen
seines Mangels an offener Energie gegenüber dem fran=
zösischen Gouvernement getadelt worden war, die dem
Herrn von Spiegel erteilte Substitution zurück und er=
klärte dem napoleonischen Kapitel, daß er es als ein kirch=
lich rechtmäßiges nicht weiter anerkennen könne.
Ferdinand August fügte sich und lieferte alle Verwal=
tungspapiere an Clemens August aus, das Domkapitel
aber nahm von dem Vorgehen des jüngern Droste Ver=
anlassung, den Professor Hermes und den Kanonisten
Cordes um ein Gutachten über die kanonische Recht=
mäßigkeit seiner Institution und Amtshandlungen anzu=
gehen, welches zu gunsten des Kapitels ausfiel. Spiegel
konnte gleichwohl nicht bewogen werden, die Verwaltung
wieder an sich zu nehmen, sei es, daß er dem Profes=
soren=Gutachten keinen großen Wert beilegte, sei es,
daß seine friedliche Natur ihn von jeder entschiedenen
Parteinahme zurückhielt. Clemens August aber trat
der neuen preußischen Regierung mit größerer Festigkeit
als der fremdländischen gegenüber [!]." Infolge der
daraus entstandenen Spannung legte Herr von Droste
bekanntlich sein Amt nieder und zog sich ins Privatleben
zurück. Er trat erst wieder hervor, als 1829 sein Bru=
der Bischof von Münster wurde und der Graf von

Spiegel den erzbischöflichen Stuhl von Köln bestieg. Von da an fungierte er als Domdechant, und weiter als Weihbischof von Münster (unter dem Titel eines Bischofs von Calama i. p. inf.), bis er selbst zur erz= bischöflichen Würde in Köln erhoben wurde.

Schon die inneren Widersprüche der Ley'schen Dar= stellung über das Verhältnis des Münsterschen Kapitels zur Wahl seines Vikars lassen eine Ergänzung aus besseren Quellen als notwendig erscheinen. Es kommt aber hinzu, daß der Gegensatz zwischen dem Verfahren Droste's und Spiegel's bereits in einer viel frühern Zeit offen heraustritt. Nicht genug, daß Droste nach der Restauration „der neuen preußischen Regierung mit Festigkeit gegenübertrat", — dasselbe war vielmehr schon alsbald nach der Säkularisation des Münster'schen Bis= tums der Fall gewesen. Bereits seit dem Jahre 1802 ist der hochverdiente Oberpräsident von Vincke in be= ständige durch nichts auszugleichende Streitigkeiten mit Droste verwickelt gewesen, während der Domdechant Spiegel ihm hülfreiche Hand bot. Nach dem Sturz der französischen Herrschaft trat dann sofort der gleiche Gegensatz wieder hervor. Nachdem Droste die in so merkwürdiger Weise formulierte „Substitution" zurück= gezogen, hat Spiegel noch eine Zeitlang auf den Wunsch des zurückgekehrten Oberpräsidenten von Vincke die bi= schöfliche Verwaltung fortgeführt. Erst eine von Droste

in Rom persönlich vorgebrachte Denunziation veranlaßte
ihn zur Resignation.

Nicht minder wie Vincke hat auch der Freiherr vom
Stein Spiegels Verdienste um Kirche und Staat schon
in seiner Münster'schen Stellung zu schützen gewußt.
Schon in seinem ersten Berichte über die Zustände in
dem erst kurz vorher mit Preußen vereinigten Bistum
Münster (vom 2. Dezember 1802) bezeichnet derselbe den
damals noch nicht vierzigjährigen Geistlichen als „einen
Mann von ausgezeichneten Geisteskräften, ausgebreiteten
Kenntnissen, einer großen und sehr beharrlichen wissen=
schaftlichen und Geschäftsthätigkeit" und erteilt ihm das
Zeugnis: „Seine Bemühungen, die alte selbständige Ver=
fassung des Landes aufrecht zu erhalten, sind bekannt; da
aber die politischen Ereignisse seine Bemühungen vereitelt
haben, so hat er es nicht einen Augenblick unterlassen,
die Forderungen seiner neuen Verhältnisse mit Offenheit,
Würde und unermüdeter Thätigkeit zu erfüllen. Er besitzt
den sehr schätzbaren Ehrgeiz, gemeinnützig zu sein und
den Vorwurf des pfäffischen, müßigen und genußsüchti=
gen Lebens von sich zu entfernen, und er wird gewiß
jede ihm angewiesene Stelle auf eine ausgezeichnete Art
ausfüllen."

Unter den Wirren der napoleonischen Zeit ist Spie=
gel in der gleichen schwierigen Stellung gewesen, wie
die Bewohner der Rheinbundsstaaten im Unterschiede

von den altpreußischen Provinzen überhaupt. So wenig man aber heute den Dichter Hebel darum gering achten wird, daß er bis nach der Leipziger Schlacht die an seinem eignen Hofe herrschende Anschauungsweise geteilt hat, so wenig läßt sich dem auf die Reorganisation der Kirche sich beschränkenden Münster'schen Prälaten ein ernstlicher Vorwurf daraus machen, daß er das Bistum Münster aus Napoleons Händen annahm. Daß sein alter Freund Stein diese „Annahme der bischöflichen Würde aus den unbefugten und blutigen Händen des Verfolgers des heiligen Mannes, der das Oberhaupt der katholischen Kirche ist," übel vermerkte, ist allerdings leicht zu begreifen. Aber nicht lange nach-. her finden wir ihn bereits wieder in regem persönlichen Verkehre mit Spiegel. Bei dessen Ernennung zum Mitgliede des Staatsrats (1817) hat Stein ihm ausdrücklich seine Freude darüber ausgesprochen und damit zugleich die Hoffnung verbunden, daß er in die Lage kommen möge, nützlich für die katholische Kirche im preußischen Staate und in Deutschland zu werden.

Zu den Urteilen Stein's und Vincke's gesellt sich dasjenige Niebuhr's. Der leidenschaftliche Gegner Wessenberg's hielt doch den Münster'schen Dombechanten für die Reorganisation der katholischen Kirche für so unentbehrlich, daß er sich über dessen längere Zeit fortgesetzte Weigerung, das Kölner Erzbistum anzunehmen, bitter beschwerte. Noch am 13. Januar 1824 schreibt er darüber (nach einer gerade in seinem Munde dop= pelt beachtenswerten Klage über „die teils unwiffend= bigotte, teils gebildet-bigotte Partei der Ultra"): „Herrn von Spiegels Weigerungen sind unter diesen Umstän= den nicht zu rechtfertigen."

Im vollen Gegensatz zu dieser Beurteilung durch die bedeutendsten preußischen Staatsmänner ist allerdings das Verhältnis zwischen Spiegel und dem Droste'schen Kreise schon in der Münster'schen Periode ein derartiges gewesen, daß nach Perthes' Bericht jeder Umgang zwi= schen ihnen abgebrochen war. Und ebenso wie die Droste und ihre Freunde sehen wir schon damals den Geheimrat Schmedding die gleiche Feindschaft gegen ihn an den Tag legen, die nachmals seiner Kölner Amts= führung so verhängnisvoll wurde. Als es sich zuerst (im Jahre 1821) um die Berufung Spiegels zum Kölner Erzbischof handelte, und der Minister Altenstein ihn in der That dazu vorschlug, geschah dies durch Schmeddings Feder. So viel mußte nun in einer empfehlenden Ein= gabe allerdings gesagt werden, daß die Sitten des Kan= bidaten von jeher anständig gewesen seien, daß er ein Mann von ausgezeichnetem Verstande sei, der sich in den verwickeltsten Lagen des äußern Lebens leicht her= ausfinde, daß die äußerlichen Verhältnisse der Kirche zu den weltlichen Provinzialbehörden in den neuerwor=

benen Provinzen, immer eine schwierige und doch höchst wichtige Sache, sich mit ihm höchst wahrscheinlich sehr gut gestalten würden. Aber diesem Lobe ist die eigentümliche Bemerkung vorhergeschickt: „Für einen recht eifrigen, von dem Wesen seines Berufes ganz durchdrungenen katholischen Geistlichen halte ich den Grafen nicht." Wer das „Wesen des bischöflichen Berufes" im Schmedding'schen Sinne auffaßte, stand allerdings zu der Art und Weise, wie der deutsche katholische Erzbischof seine Pflicht aufgefaßt und erfüllt hat, im schärfsten Gegensatze.

Welcher Art jedoch in Wirklichkeit das Andenken war, das der Münster'sche Domdechant in seinem bisherigen Wirkungskreise zurückließ, beweist ein im „Hamburger Korrespondent" abgedrucktes Schreiben aus Münster vom 26. April 1825:

„Am 18. reisete Se. Excellenz der Herr Graf Spiegel zum Desenberg von hier nach seinem erzbischöflichen Sitze Köln ab, ein Mann, der nicht blos die traurigsten Katastrophen unseres armen Ländchens mit uns erlebte, sondern während dieser Zeit durch seine Geisteskraft und Charakterstärke manches Übel abwehrte und sich für unser Wohl so wirksam zeigte, daß das Andenken an ihn nie verlöschen wird. Die seit vierzig Jahren unter uns gemachten Erfahrungen, die höhere Stellung zum Vaterlande und seine seltenen Geistesgaben hatten ihm einen so klaren Blick in alle unsre Verhältnisse verschafft, daß sein Urteil und weiser Rat noch oft vermißt werden wird. Als Geistlicher hielt er in seinem Wirkungskreise streng auf Ordnung und Erfüllung der Pflicht, und gab, selbst einfach und wahr, das schönste Beispiel. Was er für die Armenpflege im ganzen Umfange des Wortes selbst mit Aufopferung wirkte und schaffte, erkennt mit innigstem Dank jeder Einwohner unsrer Stadt. Den Freunden und Ver= ehrern der Wissenschaft war er ein Beschützer und Eini= gungspunkt. Den Kölnern ist das Glück geworden, sich eines hochverdienten Mannes als Erzbischof zu erfreuen, der echte Religiosität besitzt und achtet und seinem Kö= nige treu zu den schönsten Hoffnungen berechtigt, daß Eintracht zwischen Staat und Kirche herrschen werden."

Eine Sammlung der Hirtenbriefe und sonstigen Er= lasse Spiegels in seiner neuen Stellung würde ein in hohem Grade dankenswertes Unternehmen sein. An dieser Stelle möge wenigstens der Schluß seines ersten Hirtenbriefs an die Kölner Diözesanen erwähnt werden: „Was Uns betrifft, Wir kommen bald zum Abend unsres Lebens; doch steht der Entschluß in unserm Ge= müte fest, alle Uns noch übrigen Kräfte Gott und der Sache Gottes zu widmen. Wir werden dem Herrn sagen: ‚Meine Stärke will ich für dich bewahren‘."

Die Spiegel'sche Verwaltung des Erzbistums wird

in der bereits angeführten „Kölnischen Kirchengeschichte"
S. 666—670 folgendermaßen gezeichnet:

„Großer und allgemeiner Jubel erfüllte die Rhein=
lande, als im Jahre 1825 durch die endliche Wieder=
besetzung des fast fünfundzwanzig Jahre lang verwaisten
Metropolitansitzes die kirchlichen Verhältnisse auf eine
neue, vielversprechende Weise geordnet waren, und die
zeitgenössischen Berichte schildern mit Begeisterung die
eindrucksvolle Szene des ersten bischöflichen Segens, wel=
chen der Graf Ferdinand August von Spiegel als kon=
sekrierter Erzbischof von Köln am 11. Juni der zahl=
reichen, auf dem Domplatze und den einmündenden
Straßen andächtig knieenden Volksmenge erteilte. Der
Erzbischof bewährte sich als einen milden und verstän=
digen Mann, der die vielfachen, während der bischof=
losen Zeit auf kirchlichem und sozialem Gebiete einge=
rissenen Übelstände wohl erkannte und abzustellen suchte,
der unablässig darauf hinarbeitete, die Reste des fran=
zösischen Radikalismus auszurotten, den kirchlichen In=
differentismus zu beseitigen, den Glauben zu befestigen,
die Gottesfurcht zu fördern, den Klerus auf eine höhere
Stufe der theologischen und allgemeinen Bildung zu
erheben. In weiser Erwägung, daß die Aufsicht und
Verwaltung in kleineren Dekanaten wesentlich leichter
und wirksamer zu führen sei, als in größeren, entschloß
er sich, die altkölnischen Landdekanate, soweit sie noch zu

seinem Sprengel gehörten, in der Art zu teilen, daß ihre Zahl auf vierundvierzig stieg, von welchen jedes zwischen zehn und zwanzig Pfarreien enthielt und nach dem Haupt= ort benannt wurde. Die bezügliche erzbischöfliche Verord= nung erschien am 24. Februar 1828. Im Mai des folgenden Jahres wurde die mit der preußischen Re= gierung vereinbarte und von dem apostolischen Stuhle genehmigte Festordnung bekannt gemacht, nach welcher in der ganzen Erzbiözese außer den Sonntagen noch vierzehn Feste öffentlich und regelmäßig gefeiert werden sollten: . . . (darunter der) Buß= und Bettag. Eine besondere Bewandtnis hatte es mit dem letztgenannten Tage, der am Mittwoch nach dem dritten Sonntage nach Ostern gehalten werden mußte. Dieser ursprünglich pro= testantische Feiertag war vom preußischen Ministerium ohne Wissen des Erzbischofs in die Reihe der beantrag= ten Feste eingeschaltet, sodann in Rom zur Bestätigung vorgelegt und dort, wo man arglos meinte, es handle sich um ein örtliches katholisches Fest, ohne weiteres anerkannt worden. Ferdinand August suchte der dem Ministerium gelungenen Überlistung dadurch die Spitze abzubrechen, daß er den protestantischen Buß= und Bet= tag als eine stellvertretende Feier für die bis dahin in der Erzbiözese an verschiedenen Tagen übliche Hagelfeier erklärte."

„Hatte der Erzbischof Ferdinand August vielleicht

schon hinsichtlich der kirchlichen Festordnung eine zu weit=
gehende. Nachgiebigkeit der Staatsbehörde gegenüber an
den Tag gelegt, so war dies in bezug auf die Behand=
lung der gemischten Ehen unleugbar der Fall. König
Friedrich Wilhelm III. hatte unterm 17. August 1825
eine Kabinettsordre erlassen, nach welcher, gleichwie in
den östlichen Provinzen der Monarchie, so auch im über=
wiegend katholischen Westen die ehelichen Kinder ohne
Unterschied des Geschlechts in dem Glaubensbekenntnis
des Vaters erzogen werden sollten. Gleichzeitig war es
als ein Mißbrauch gerügt und strenge verboten worden,
daß die katholischen Geistlichen von den Verlobten ver=
schiedener Konfession das Versprechen forderten, die sämt=
lichen aus der Ehe zu hoffenden Kinder in der katho=
lischen Religion zu erziehen und daß sie ohne ein sol=
ches Versprechen die kirchliche Trauung geradezu ver=
sagten. Das betreffende Verbot wurde von dem Mini=
sterium mit der Drohung bekannt gemacht, daß jedes
Dawiderhandeln mit Amtsentsetzung bestraft werden
würde . . . Die Bischöfe, von den Geistlichen vielfach
gedrängt, wandten sich im Laufe des Jahres 1828 in
einzelnen Briefen an den apostolischen Stuhl, um bei
der schwierigen und dringlichen Lage der Dinge ent=
sprechende Weisung zu erhalten. Die königliche Re=
gierung hatte diesen Rekurs der Bischöfe an den Papst
selbst veranlaßt und wies ihren Geschäftsträger in Rom,

Ritter von Bunsen, an, die bewußten Briefe der Kurie vorzulegen und mit den energischsten Vorstellungen zu begleiten. Die Verhandlungen, welche bald darauf zwischen der päpstlichen Kurie und dem preußischen Gesandten begannen, zogen sich über die Lebenszeit des Papstes Leo XII. hinaus und führten erst unter dessen Nachfolger Pius VIII. zu dem Ergebnisse, daß dieser sich unter dem 25. März 1830 zum Erlasse des Breve Litteris altero entschloß, in welchem er nicht blos erklärte, die gemischten Ehen, welche ohne die Beobachtung der vom Tridentinum vorgeschriebenen Form in Rheinland und Westfalen eingegangen würden, sollten als kirchlich gültige zu betrachten sein, wofern kein anderes Hindernis entgegenstehe, sondern auch gestattete, daß die katholischen Pfarrer bei solchen Eheschließungen, bei welchen die ausschließlich katholische Kindererziehung nicht garantiert werde, eine passive Assistenz leisteten. Damit hatte der Papst den Forderungen der preußischen Regierung bis zur äußersten Grenze dessen, was nach den Grundsätzen der katholischen Kirche möglich war, nachgegeben, und Bunsen erklärte ausdrücklich, daß er mit Dankbarkeit die versöhnlichen Konzessionen des heiligen Stuhles annehme. Nichtsdestoweniger wurde dieses versöhnliche Breve von dem preußischen Ministerium vier Jahre lang geheim gehalten und von den Bischöfen erst im Jahre 1834 mitgeteilt. Da während dieser

2*

Zeit vergebliche Anstrengungen gemacht worden waren, noch weitergehende kirchlich unmögliche Zugeständnisse in Rom zu erlangen, so betrat man den Weg der List und schloß mit dem nach Berlin berufenen Erzbischof Ferdinand August von Köln eine Konvention ab, welche der preußischen Regierung dasjenige gewährte, was das Oberhaupt der Kirche nicht hatte zugeben können. An= geblich um das päpstliche Breve zu erklären, in Wirk= lichkeit aber, um es zu entkräften, willigte der Erz= bischof ein, eine Instruktion an die Pfarrer der Erz= biözese zu erlassen, wornach die kirchliche Einsegnung der gemischten Ehen auch ohne die Garantie der katho= lischen Kindererziehung die Regel sein und die passive Assistenz nur in dem Falle eintreten solle, daß der ka= tholische Nupturient eine sträfliche Leichtfertigkeit und Gleichgültigkeit gegen sein Religionsbekenntnis an den Tag lege. Dieser geheimen Konvention traten im Juli 1834 auf Betreiben des Metropoliten und nicht ohne Bedenken die Suffraganbischöfe von Münster, Pader= born und Trier bei. . . .

„Ohne seine verhängnisvolle Nachgiebigkeit gesühnt, vielleicht ohne sie erkannt zu haben, starb der Erzbischof Ferdinand August von Köln am 2. August des Jahres 1835 und ward am 7. im Dom begraben. Die Dom= herren Jven und Weitz verherrlichten ihn in ihren Trauerreden."

Absichtlich haben wir auch hier der dem Verfahren Spiegels feindlich gesinnten Auffassung zuerst das Wort gegeben. Wie es sich in Wirklichkeit mit Spiegels Amts=führung verhält, ist in § 50 von Nippold's „Geschichte des Katholizismus seit der Restauration des Papsttums" wenigstens in allgemeinen Zügen gezeichnet. Freilich mußte daselbst bereits auf das Verschwinden wichtiger amtlicher Quellen hingewiesen werden — ein merkwürdiger neuer Beleg für die vom Kultusminister Falk öffentlich kon=statierte Praxis, welche ihre Parallelen u. a. auch (nach Augustin Theiner's und J. Bapt. Schwab's Nachweisen) im vatikanischen und im Würzburger Archiv hat. Gleich die ersten Denkschriften, welche Spiegel nach der Restau=ration der preußischen Herrschaft am 8. und 10. August, sowie am 21. September 1814 an Fürst Hardenberg einsandte („Grundzüge über das katholische Kirchenwesen", „Über das Kirchenwesen zwischen Main und Mosel", „Über die Lage und die Bedrückung der katholischen Kirche in Deutschland") sind aus den Akten verschwunden. Der verdienstvolle Kirchenrechtslehrer Mejer, welcher die Akten des Hardenberg'schen Kabinets „wegen Regulierung der deutschen katholischen Diözesan= und Kirchenangelegen=heiten" für seine so überaus wertvolle Monographie „Zur Geschichte der römisch=deutschen Frage" benutzt hat, muß sich mit Bezug auf jene Denkschriften mit der Bemerkung begnügen, daß dieselben nach einer Archiv=

notiz vom 5. August 1817 an den Staatsrat von
Stägemann abgegeben seien. Seither sind sie noch nicht
wieder gefunden. Nach dem Tode des Erzbischofs ist
allerdings eine „Vollständige Biographie des hochseligen
Erzbischofs von Köln, Ferdinand August Grafen von
Spiegel zu Desenberg und Kanstein" (Aachen 1835)
erschienen. Aber auch diese Schrift ist bisher vergeb=
lich gesucht worden. Der schönste Lohn für die jetzige
Veröffentlichung würde seitens des Herausgebers darin
gefunden werden, wenn sie den Anlaß zu weiteren ähn=
lichen Mitteilnngen böte. An dieser Stelle kann jedoch
nur die einfache — auch von Spiegels bittersten Geg=
nern nicht bestrittene — Thatsache konstatiert werden,
daß die durch die französische Revolution so gut wie
aufgelöste katholische Kirche des Rheinlandes ihm ihre
Wiedererstehung verdankt.

In welchem Geiste er die episkopale Stellung auf=
gefaßt hat, geht bereits aus seinem Briefe an Freiherrn
von Stein aus dem Jahre 1818 hervor: „er gehe von
der Überzeugung aus, daß man bei der Wiederherstellung
der katholischen Kirche Deutschlands sich ebenso sehr
hüten müsse, sie uneingedenk ihrer früheren Leiden, ihrer
Jahrhunderte langen schamlosen Ausbeutung als reich=
ster Goldgrube der römischen Kurie, den Ansprüchen und
Einwirkungen Roms widerstandslos zu überliefern als
den Regierungen gegenüber zu einer bloßen Staatsein=

richtung herabzuwürdigen; er wolle ihre Selbständigkeit nach beiden Seiten hin gewahrt wissen." Er billigte zugleich ausdrücklich das gemeinschaftliche Verfahren der oberrheinischen Regierungen: denn „man müsse der Kurie gegenüber an dem festhalten, was die centum gravamina (hundert Beschwerden vom Jahre 1520) der deutschen Nation darlegten, die concordata principum (Fürsten= übereinkünfte) bezielten, was die Väter zu Konstanz und zu Basel lehrten"; und er sei „mit Werkmeisters Be= merkungen über das bairische Konkordat meistens ein= verstanden."

Ein volles Jahrzehnt, von 1825 bis 1835, hat Graf Spiegel das Kölner Erzbistum geleitet. Seine gesamte Thätigkeit in diesem wichtigen Amte ist eine derartige gewesen, daß es kaum möglich sein dürfte, einen stärkern Gegensatz zu finden zu der seit dem Vatikankonzil von seinen Standesgenossen eingenomme= nen Stellung. Die Art der Einwirkung der heutigen Bischöfe auf das Volksleben läßt sich schwerlich deut= licher darlegen, als es Reusch in seiner kleinen aber gehaltvollen Schrift: „Die deutschen Bischöfe und der Aberglaube" nach deren amtlichen Erlassen gethan hat. Dagegen ist Erzbischof Spiegel, eben weil er unermüd= lich auf die Pflege wahrer Herzensfrömmigkeit und die Bethätigung derselben im ganzen Leben bedacht war, allen jenen neujesuitischen Lieblingskulten, durch welche das katholische Volk von der Nachfolge Christi abgelenkt wurde, entschieden entgegengetreten. So hat er in einem eignen Hirtenbriefe über das Wallfahrtswesen alle diejenigen Prozessionen (z. B. nach Kevelaer), die nicht an einem Tage hin und her zögen, mißbilligt. So hat er dem aus den lokalen kleinen Ablässen fließenden Unwesen durch Förderung des jene ausschließenden vollkommenen Ablasses entgegenzuwirken gesucht. So ist er der traurigen Seelenfängerei für die Franziskaner-Tertiarierinnen, wodurch unreife Kinder in Gelübde verstrickt wurden, die sie später um ihr ganzes Lebensglück brachten, so weit er irgend konnte, entgegen getreten. Den schnöden Mißbräuchen bei den Ehedispensen wegen zu naher Verwandtschaft hat er, so viel an ihm war, ein Ende zu machen gestrebt. Das Hauptgewicht in seiner ganzen amtlichen Wirksamkeit aber hat er auf die Ausbildung eines tüchtigen Klerus gelegt, der, für die christlichen Offenbarungswahrheiten von ganzem Herzen erglühend, aber zugleich auf der Höhe der allgemeinen Zeitbildung stehend, mit dem Volke Freud und Leid teilen und auch die durch die Revolutionskriege herabgekommenen und verwilderten Teile der Bevölkerung wieder zu tüchtigen Staatsbürgern heranbilden sollte.

So tritt uns, von welcher Seite wir uns auch der Wirksamkeit Spiegels zuwenden mögen, überall ein ebenso reiches wie schönes Lebensbild entgegen. Aber damit

verbindet sich eben deshalb ein anderer um so trauri=
gerer Eindruck. Denn nicht nur ist von dem Augen=
blick an, wo der fromme deutsche Bischof durch den
Tod aus seinem Arbeitsfeld abgerufen wurde, alles ge=
schehen, um dasselbe bis in seine Wurzeln hinein zu
zerstören; nicht nur ist der von ihm herangebildete und
ihm warm anhängende Klerus seinem Todfeinde schutz=
und rechtlos ausgeliefert worden; nicht nur ist die blü=
hende Schule deutscher Wissenschaft, die er begründet
hatte, bis in ihre letzten Ausläufer ausgerottet und
dafür der gesamte neujesuitische Aberglaube in allen
seinen Verzweigungen dem Volksgeiste neu eingeimpft
worden; sondern auch das eigene Lebenswerk des Erz=
bischofs selbst zeigt sich bei näherer Betrachtung als ein
von allen Seiten gehemmtes und untergrabenes. Frei=
lich muß man den Mann selber doppelt bewundern,
der aller dieser Schwierigkeiten ungeachtet nicht in seiner
Arbeit erlahmte, aber man lernt gleichzeitig verstehen,
warum eine derartig zwischen der staatlichen Büreau=
kratie und der jesuitischen Denunziation eingeengte bi=
schöfliche Stellung auf die Länge völlig unhaltbar ge=
worden ist. Das gesamte Verhältnis zwischen Kirche
und Staat zeigt sich gerade in diesem wichtigsten Punkte
als ein so grundschiefes, daß die späteren Wirren ge=
radezu mit einer Art von Naturnotwendigkeit aus einer
solchen Sachlage hervorquellen mußten.

Wenn wir ein von der gesamten bisherigen Dar=
stellung schroff abweichendes Urteil mit solcher Bestimmt=
heit aussprechen, so sind wir uns wohl bewußt, damit
weder mit der vom büreaukratischen noch mit der vom
kurialistischen Gesichtspunkte ausgehenden Auffassungs=
weise in Übereinstimmung zu stehen. Es will dies um so
mehr sagen, da auch die Beurteilung der gesamten nach=
maligen Entwickelung von dem über die Spiegelsche
Periode gewonnenen Ergebnisse abhängig ist. Daß es
die staatliche Bürcaukratie selber gewesen ist, welche der
kurialistischen Politik den Sieg in die Hände gespielt
hat, paßt überhaupt ebensowenig in den Katechismus
der Kulturkämpfer wie in das Wörterbuch der gegen
die Staatsomnipotenz anstürmenden Ultramontanen.
Aber es sind nun gerade die vertrautesten Briefe Spie=
gels selbst, auf welchen unser Urteil sich aufbaut. So=
wohl die Anschauungen und Bestrebungen des Mannes
selber, wie die Faktoren, welche seine besten Absichten
durchkreuzten, lernt man erst aus diesen Briefen in
ihrer ganzen weittragenden Bedeutung erkennen. Ganz
besonders aber ist es die ebenso viel angegriffene als
wenig bekannte Konvention von 1834 über das Breve
Pius VIII. vom 25. März 1830, welche in ihrer Vor=
geschichte wie in ihrer Nachgeschichte eine ganz andere
Würdigung verdient, als ihr bisher zu teil wurde.

Für die Vorgeschichte des Kölnischen Kirchenstreites kommen allerdings noch eine Reihe anderer Momente mit in Betracht. Aber weder die mit jeder neuen Papstregierung gesteigerten jesuitischen Tendenzen einer-, noch die Berliner Zustände, in welche die erzbischöflichen Briefe einen so lebendigen Einblick gewähren, andrer- seits hätten so verhängnisvoll werden können, wenn Spiegel einen gleichgesinnten Nachfolger gefunden hätte. Nun aber konnte seinem Tode unmittelbar das heim- tückische Vorgehen gegen Hermes folgen, und dem Amts- antritt seines Nachfolgers sekundierte alsbald die Note des Staatssekretärs Lambruschini vom 15. März 1836, welche das von langer Hand vorbereitete Kriegsprogramm enthüllte und als letztes Ziel die Nuntiatur in Berlin forderte, deren Errichtung jedoch König Friedrich Wil- helm III. in einer auch seine Nachfolger verpflichtenden Weise verweigerte.

Zu dem allen aber gesellte sich die schwierige Lage im Rheinland selber, der die Regierung schlechterdings nicht gewachsen war. Als ein einzelner Beleg dafür mögen hier noch die bis ins Jahr 1826 zurückgreifen- den Bocholter Vorfälle angeführt werden, welche gerade dadurch, daß sie seitens der neujesuitischen Partei syste- matisch aufs äußerste zugespitzt wurden, die Unfähigkeit des unbehülflichen büreaukratischen Staatswesens, seine protestantischen Unterthanen vor der neuen Durchführung

päpstlicher Intoleranz zu schützen, unzweideutig ins Licht
stellten.*)

Vor allen aber ist es die von Belgien aus durch=
geführte Verjesuitierung des deutschen Katholizismus,
welche bis dahin viel zu wenig Beachtung gefunden hat,
nunmehr aber durch die neuerdings (von Professor Möller

*) Der oben berührte Bocholter Fall, von welchem die
üblichen Darstellungen des Kölner Kirchenstreites nach wie
vor nichts zu wissen scheinen, ist auch zum Vergleich des
damals und jetzt besonders bezeichnend. Dem evangelischen
Färbermeister Tenwsen in Bocholt war seitens des römisch=
katholischen Pfarrers Schütte die Trauung mit seiner katho=
lischen Braut ohne Leistung des Versprechens, sämtliche Kin=
der römisch=katholisch erziehen zu lassen, verweigert worden.
Es hat darauf hin eine umfangreiche Korrespondenz durch
alle Instanzen stattgefunden, von welcher wir hier nur die
Adressen und Unterschriften angeben: zuerst Rekurs des
Bräutigams an den Bischof von Münster und Antwort des=
selben an Tenwsen, vom 1. Januar 1827; hierauf Beschwerde
des letztern bei dem Oberpräsidenten und Immediatbericht des
Oberpräsidenten an den König; aus Anlaß hiervon Kabinets=
schreiben an den Oberpräsidenten vom 19. März zur Mit=
teilung an den Bischof, Erwiderung des Bischofs vom 10. April,
Erklärung des Pfarrers Schütte vom 17. April, neues Schrei=
ben des Oberpräsidenten an den Bischof vom 9. Mai, Ant=
wort des letztern vom 18. Mai, Anweisung an den Pfarrer
vom 31. Mai. Der ganze Instanzenzug war somit wieder=
holt in Anspruch genommen, aber die Angelegenheit selbst
dadurch kein Haar weiter gerückt. Dem Bräutigam blieb

in Löwen) herausgegebenen Briefe des spätern Bischofs Laurent aufs grellste beleuchtet wird. Daß die Jesui=tenpartei die Laurentschen Schleichwege gegenwärtig so offen zu enthüllen wagt, ist wohl der beste Beleg, wie siegestrunken sie sich fühlen muß. Spricht doch die gleiche Empfindung nicht minder aus dem (auf den Lau=

---

demnach nichts übrig, als seine Ehe evangelisch einsegnen zu lassen. Hierauf verweigerte aber der römische Pfarrer der Frau die Absolution. Am 24. Oktober zeigte Teuwsen an, „er habe seiner Frau, die fortdauernd vom Abendmahl ausgeschlossen sei, versprochen, sich, mit Leistung des Ver=sprechens, am Ende des Jahres katholisch trauen zu lassen, wenn bis dahin keine Hülfe käme." Der Pfarrer wurde nun=mehr aufgefordert, die Gründe der Verweigerung der Abso=lution anzugeben. Er deckte sich mit dem Beichtgeheimnis. So blieb dem Oberpräsidenten in seinem Schlußbericht vom 1. November 1827 nur noch der Antrag übrig, „der Pfarrer solle aufgefordert werden, an Eides statt zu erklären, die einstweilige Ausschließung der katholischen Frau vom Abend=mahl sei nicht hergenommen aus der Weigerung des Man=nes, das bewußte Versprechen zu geben, sondern aus anderen im Seelenzustande der Frau liegenden Umständen, die er als Beichtvater nicht angeben dürfe." So die Sachlage, als die Akten dem damaligen Gesandten in Rom (Bunsen) vor=gelegt wurden, der nunmehr (ganz in Niebuhr's Fußtapfen) die Verhandlungen mit der Kurie anknüpfte, welche endlich zu dem Breve Pius VIII. vom 25. März 1830 führten, dessen berechnete Zweideutigkeit den Keim der späteren Kon=flikte in sich trug.

rentſchen Enthüllungen aufgebauten) inſtruktiven Artikel
der Hiſtoriſch=politiſchen Blätter: „Parallelen zwiſchen
dem preußiſchen Kulturkampf von 1831 — 1841 und
dem von 1871—1887."

Der echt revolutionären Demagogie, wie ſie in den
Laurentſchen Briefen ſich ſelber kennzeichnet, ungeachtet,
wird jedoch die letzte Urſache des Kölniſchen Kirchen=
ſtreits nach.wie vor in der Ernennung Droſte's, des
leidenſchaftlichſten Feindes des Erzbiſchofs Spiegel, zu
ſeinem Nachfolger zu ſuchen ſein. Um ſo unzweifel=
hafter iſt die Pflicht auch für den evangeliſchen Chriſten,
jenem idealkatholiſchen Kirchenfürſten perſönlich gerecht
zu werden. Das vorliegende Heftchen hofft gerade da=
durch, daß es ohne fremde Zuthat ihn ſelber reden läßt,
dieſem Zwecke nachzukommen.*)

---

*) Die Einleitung iſt von anderer Hand, da dem Heraus=
geber der Briefe die Zeit zu einer Neubearbeitung des Stoffs
fehlte.

———— ✠✠✠ ————

Am 20. Mai 1825 trat Graf Spiegel sein Amt an. Der erste der Briefe an Bunsen datiert bereits vom 21. Juni des gleichen Jahres. Am 2. August 1835 ist Spiegel gestorben. Noch am 6. Februar 1835 hatte er selbst an Bunsen geschrieben; während seiner letzten Krankheit aber hat er ihm durch den Domkapitular München wiederholt Bericht geben lassen; München hat auch sofort den Tod des Erzbischofs direkt angezeigt und über die nach seinem Tode eingetretene Lage der Dinge eingehenden Bericht gegeben.

Das erste, was gleich in dem ersten uns vorliegenden Briefe in den Vordergrund tritt, ist eine Mitteilung über die geheimen Denunziationen, welche gegen den kaum ernannten Erzbischof — gerade wie früher gegen Wessenberg — nach Rom gerichtet worden waren: „Sie werden vermutlich wissen, daß man in Berlin darauf denkt, der heimlichen Angeberei und Verleumbungssucht nach Rom Grenzen zu setzen. Möchte man nur die Namen einiger der unberufenen Briefsteller aus der Geistlichkeit des Erzbistums in Erfahrung brin-

gen; mich dünkt, Ihnen würde dies dort am ehesten
gelingen. Die Nuntiatur in München übermacht die
Anklagebriefe nach Rom." — Den Charakter aller
solchen geheimen Denunziationen kennzeichnet sobann
ein weiterer Brief aus dem gleichen Jahre (26. No=
vember 1825), in welchem die revolutionären Wüh=
lereien in den benachbarten Niederlanden beleuchtet wer=
den: „Die aus den Niederlanden nach Rom gehenden
Berichte erfordern starke Prüfung, damit das in Wahr=
heit Begründete von dem Leidenschaftlichen gesondert
werde." Eines speziellen Vorganges, in welchem einer
der zur Spionage in Rom aufgeforderten Männer zu
ehrenhaft war, um darauf einzugehen, gedenkt der Brief
vom 2. Juni 1827: „Ich muß Sie auf eine Stelle
des Schreibens des Herrn Dr. Braun notwendig auf=
merksam machen, so gewogen ich übrigens dem jungen
Mann auch bin und ihn vorteilhaft anstellen werde,
sobald er hierher zurück sein wird. Herr Dr. Braun
schreibt: ‚Man hat mir die schriftliche Auseinander=
setzung gewisser Punkte hinsichtlich der Erzdiözese Köln
wiederholt abgefordert, und aller Vermutung nach ge=
langt dieses an den Papst. Ich habe die Eingabe ver=
zögert, weil alles einer Mißdeutung fähig ist, und weil
ich, falls Ew. Erzbischöfliche Gnaden dies zu thun bil=
ligen werden, einiger Nachrichten bedarf. Bei dieser
Zögerung kommt mir meine Reise nach Neapel, deren

Antritt auf morgen (12. April) festgestellt ist, gut zu
statten.' Meine Ansicht ist, daß Herr Braun fürs
erste nichts über Verwaltung der preußischen Erz= und
Bistümer ohne Ew. Hochwohlgeboren Vorwissen und
Kenntnisnahme an päpstliche Behörden abgeben darf;
andernteils habe ich ihm bereits durch Herrn Professor
Hermes in Bonn bemerklich machen lassen, daß ich sei=
ner Verteidignng oder Anpreisung keineswegs bedürfe.
Wolle Rom etwas über den Erzbischof und sein Han=
deln wissen, so müsse man sich unmittelbar an ihn
selbst nach Köln wenden."

Um vieles schlimmer noch aber als diese von der
Methode des wiedererstandenen Jesuitenordens unab=
trennbare Spionage und Denunziation war die amt=
liche Hemmung, die alle Bestrebungen des Erzbischofs
an derjenigen Stelle erfuhren, wo dieselben ihre Haupt=
stütze finden mußten, — im Berliner Kultusministe=
rium. Schon der Geschäftsgang an und für sich war
ein derartig schleppender, daß die wichtigsten Angelegen=
heiten kaum vom Flecke kamen. Der Kultusminister
von Altenstein, persönlich vom besten Willen beseelt,
war durch anhaltende Kränklichkeit unfähig, die nötige
Kontrole zu üben. In den katholischen Angelegenheiten
ließ er seinem vortragenden Rate Schmedding freie Hand.
Die Folge davon für das Erzbistum Köln speziell war,
daß alle von dort kommenden Gesuche durch diesen

alten Feind des Erzbischofs entweder durchkreuzt oder wenigstens auf die lange Bank geschoben wurden. Der= selbe Mann, der dem Breslauer Bischof Schimonsky bei der Maßregelung der altkirchlich gesinnten Pfarrer nicht schnell genug zu Hülfe eilen konnte*), brachte den Kölner Erzbischof wieder und wieder durch die systema= tische Verschleppung seiner Eingaben in die bitterste Verlegenheit. Es möchte dieser unleidliche Geschäfts= gang unter den Ursachen, welche eine andere Regelung der Verhältnisse zwischen Kirche und Staat mit der Zeit unvermeidlich machen mußten, geradezu obenan= stehen. Die Briefe des Erzbischofs sind voller Klagen darüber, und obgleich in der stetigen Wiederholung der= selben etwas Eintöniges liegt, so glauben wir doch die sämtlichen derartigen Äußerungen zusammenstellen zu sollen, weil nur auf diese Weise das so viele Jahre fortdauernde unnatürliche Verhältnis ins rechte Licht tritt.

Schon in einem Briefe des Erzbischofs vom 12. De= zember 1828 findet sich eine in hohem Grade charak= teristische Schilderung des amtlichen Schlendrians: „In Berlin gehen die Geschäfte im Ministerio der geistlichen

---

*) Vergleiche Nippold, „Geschichte des Katholizismus", § 49: Die innerkatholischen Reformbestrebungen in der schlesischen Kirche und ihre Unterdrückung.

Angelegenheiten, aufs wenigſte in Beziehung auf die Erzbiözes Köln, ſchläfriger wie jemals. Mich dünkt, der im Bade zu Kiſſingen tötlich erkrankte Staatsmi= niſter von Altenſtein ſei noch ſchwieriger in Beſtim= mungsnahme und vollends in rebus catholicis ganz abhängig von Herrn Schmedding geworden; dabei ſtehe ich und die mir anvertraute Erzbiözes am ſchlechteſten; denn ich huldige keineswegs der wankelmütigen Geſin= nung dieſes Herrn Miniſterialrates, und ſeine Fröm= melei laſſe ich in dem mir gewordenen Wirkungskreiſe nicht aufkommen. — Gelingt es mir nicht im Zeit= raume von einigen Jahren zweckfördernd für Staat und Kirche meine Erzbiözes aufzuſtellen, worin ich bei den Diözeſanen und bei der geſamten Geiſtlichkeit ſo unerwartet große Folgſamkeit und Streben zum guten und hellen finde, ſo bitte ich den heiligen Vater die Bürde des Archiepiscopatus Coloniensis von meinen Schultern wegzunehmen. — Meine Denkart geſtattet nicht ewige Bevormundung durch die Launen und Übel= willen des Herrn Geheimen Ober=Regierungs=Rates Schmedding."

Gleich der folgende Brief vom 19. Februar 1829 hat die gleichen Klagen erneut und verſchärft: „Der Abgang der Gerichts=Organiſation bei den biſchöflichen Stühlen dauert fort und ſetzt alle geiſtliche Obrigkeit in Verlegenheit bei Behandlung der Diszplinarfälle

3*

bei Geiſtlichen — ich ſchreibe darüber ſiebenmal an das Miniſterium der geiſtlichen Angelegenheiten, erzähle die Fälle, welche ich eben jetzt behandeln müßte, und erhalte keine Antwort. Es mag hiebei wohl etwas Arbeitsſcheu mit unterlaufen, denn die Ausarbeitung der Inſtruktionen für jede oder doch für die zwei erſten Inſtanzen laſtet auf dem Herrn Schmedding, der lie= ber den Hofmeiſter der Erz= und Biſchöfe machen will als formgerechte trockene Arbeiten. — Schmedding iſt von übergroßem Einfluß bei von Altenſtein, anbei lei= denſchaftlich feind, ſobald man ſein Steckenpferd nicht reitet, — ich fühle dieſe Lage und muß büßen für meine Selbſtändigkeit." —

Desgleichen heißt es in dem Briefe vom 12. Mai 1829 mit bezug auf die für die Bistumsverwaltung ſo unentbehrlichen Quinquennalfakultäten*): „An Herrn von Altenſtein Exzellenz habe ich mich bereits wegen Erneuerung der Quinquennal= und anderer mit dem 20. laufenden Jahres erlöſchenden Fakultäten gewendet, ich ſchreibe ſo frühe, da ich den langſamen Geſchäfts= gang kenne und die Langſamkeit durch fortwährendes Kränkeln des Herrn von Altenſtein noch im Zunehmen

---

*) Es ſind genau dieſelben Fakultäten (zum Dispens bei zu naher Verwandtſchaft), durch deren Vorenthaltung (in Ver= band mit den vom Stuttgarter Hof ſelber ausgegangenen Ein= wirkungen) Biſchof Heſele nach dem Konzil mürbe gemacht wurde.

ift. Der Mann dürfte der Arbeit unterliegen, wenn
nicht die projektierte längere Reise nach Franken und
Schwaben ihn wieder stärket."

Ein besonders klares Bild der Hemmnisse, welche
die edelsten und dem Staate förderlichsten Bestrebun=
gen des Erzbischofs in Berlin selbst fanden, giebt der
Brief vom 21. Juni 1829: „Mein Schreiben um Er=
neuerung der gewöhnlichen Fakultäten wird Ihnen auch
zugekommen sein und geschäftsmäßige Erledigung fin=
den; hoffentlich wird unser Kultusministerium nun auch
bald ein drittes Gesuchsschreiben an den Papst um eine
Ablaßverleihung für eine von mir eingeführte Fasten=
andacht zur Förderung zuschicken .... Dieses Gesuch
wäre bereits in Ihren Händen, allein der feindselig
wider mich gesinnte Geheime Oberregierungsrat Schmed=
ding, von dem der stark kränkelnde Herr von Altenstein
in katholischen Kirchensachen ganz abhängig ist, hat mir
durch Abforderung häufigen Materials die Sache er=
schwert und in der Zeit aufgehalten .... Der schlep=
pende, unsichere Geschäftsgang im Kultusministerium
kann nicht mehr lange ohne großen Nachteil für die
öffentlichen Sachen und öffentliche Stimmung fort=
dauern; ich und alle katholischen Bischöfe sind in der
Geschäftsführung stark gelähmt; die Straffälligen blei=
ben unbestraft und sprechen der Obrigkeit Hohn. Möch=
ten Sie auf diese Sache unmittelbar einwirken können

und wollen; dann leisten Sie Großes und fördern Ordnung und Sittlichkeit."

Zu welchen Unzuträglichkeiten dieser Geschäftsgang im Kultusministerium auch sonst führen konnte, zeigt der fast unglaubliche Umstand, daß das Gratulations= schreiben des Erzbischofs an den neuen Papst Pius VIII. auf diese Weise gar nicht an seine Adresse gekommen ist. Der Brief vom 6. Juli 1829 beginnt sofort mit diesem „Berliner Versehen" und knüpft daran einen längeren Gefühlsausbruch über die in der That uner= trägliche Zwitterstellung: „Ew. Hochwohlgeboren wertvolle Zuschrift vom 24. vorigen Monats erhalte ich gestern Abend und heute ist die Beantwortung mein erstes Tagwerk. So erfreulich Ew. Hochw. Briefe stets für mich sind, so war doch diesmal der Inhalt uner= wartet. — Inmittels eile ich, das Berliner Versehen wieder gut zu machen und kommt eine neue Ausfer= tigung an den Papst hiebei — freilich etwas veraltet; aber doch, wie ich hoffe, noch zur rechten Zeit. An= genehm beglücket fühle ich mich, indem Ew. Hochw: den Inhalt billigen, insbesondere die Angelegenheit der gemischten Ehen gut und zweckfördernd angebracht finden. — Daß Ew. Hochw. ungehalten sind über das Versehen in Berlin, kann ich mir recht lebhaft vor= stellen, ich füge meinerseits das Geständnis hinzu, daß ich vom Geschäftsgange im Altenstein'schen Ministerio

höchst unzufrieden und, die Wahrheit ganz zu sagen,
tief niedergeschlagen bin. Jeder Ministerialrat handelt
nach seiner Weise, ich kann niemals vorhersehen, ob ich
eine passende oder widerwärtige Antwort erhalte, und
der größte Teil aller wichtigen Angelegenheiten bleibt
ohne Rückäußerung; dadurch bin ich im Geschäftsbe=
triebe ganz gelähmt und hinsichtlich auf meine Diö=
zesan=Geistlichkeit in zum Erröten großer Verlegenheit.
Anbei unterliege ich dem Mißgeschicke, daß der katho=
lische Dezernent Herr Schmedding ein leidenschaftlicher
Mann ist, mit dessen Ansichten ich oft nicht einver=
standen bin, auf den aber von Altenstein blindlings
vertraut. Ew. Hochw. gestehe ich, daß der Gedanke,
ganz auszutreten, anstatt sich in Geschäften mißhan=
deln zu lassen, mir bereits mehrmals aufgestiegen ist.
— Höhere Gründe über des Menschen Bestimmung
haben bisher die Verwirklichung entfernt gehalten.
Altenstein ist noch immer krank und durch das Ab=
sterben seines einzigen Sohnes vollends tief gebeugt."
Ähnlich lautet es am 8. August 1829: „Der
kranke Staatsminister von Altenstein ist noch zu Kissin=
gen, will aber Ende Oktober wieder in Berlin zur
Fortsetzung seiner Ministerialarbeit eintreffen. Daß
die Geschäfte einen raschern Gang und größere Gleich=
förmigkeit nun endlich gewinnen sollten, dazu nähre ich
keine Hoffnung."

Sogar mit bezug auf die Verzögerung der (dem=
nächst näher zu berührenden) Ablaßangelegenheit be=
kundet der Erzbischof am 14. Oktober 1829 das Miß=
trauen, daß auch hier Übelwollen dahinterstecke: „Sollte
der gegen mich und auf meine Diözesanverwaltung
eifersüchtige Geheime Ober=Regierungsrat Schmedding
in den Weg getreten sein, Ew. Hochw. wohl gar einen
geheimen Wind erhalten haben, meine Sache gar
nicht oder doch recht langsam zu fördern, so bitte ich,
mich darüber aufzuklären, dann weiß ich mich zu
benehmen und Ew. Hochw. können von meiner Be=
scheidenheit bei der stillen Benützung der freundlichen
Benachrichtigung sicher sein. Am 19. laufenden Mo=
nats reise ich nach Berlin und verweile daselbst vier
bis sechs Wochen. Herrn von Altenstein finde ich von
Krankheit sehr entkräftet, aber vom Vorhaben beseelt,
die Geschäfte nicht aufzugeben. Ew. Hochw. Zuschrift
an mich wollen Hochdieselben hierher laufen lassen,
dann bin ich vom richtigen Empfange gesichert."

Wie berechtigt das Mißtrauen Spiegels gerade in
diesem Falle wieder war, zeigt schon der nächste Brief
vom 3. Januar 1830: „Meine Ablaßangelegenheit für
die gutberechnete Diözesan=Fastenandacht habe ich in
Berlin gefördert; Sie werden die Depesche darüber un=
term 19. oder 20. November zugesandt erhalten haben,
mich nun schon bald mit dem nunmehrigen Ergebnis

Ihrer Bemühungen erfreuen. Eine auf Gallsucht ge=
gründete Intrigue des nur Verderben verbreitenden
Geheimen Oberregierungsrat Schmedding hatte sich
meiner Sache in den Weg gestellt; da nun unser guter
Minister von Altenstein ihm blindlings glaubt und
die catholica nicht kennt, so lag die Sache still, wäh=
renddem mir die Förderung derselben nach Rom offi=
ziell erklärt war. Unsern verehrungswürdigen Minister
selbst habe ich durch Krankheit sehr geschwächt gefun=
den, ihn beseelt noch der rege Eifer für die Geschäfte,
aber die Last seines Ministeriums ist gegenwärtig zu
druckvoll für ihn, diese Ansicht habe ich in Berlin ziem=
lich verbreitet gefunden."

Ja, mit den der Sache vorher in den Weg ge=
stellten Schwierigkeiten war es nicht genug. Selbst
nachdem der Papst das Gesuch des Erzbischofs bewilligt
hatte, wurde letzterem die päpstliche Antwort noch vor=
enthalten. Das in Berlin beliebte Verfahren würde
geradezu unglaublich sein, wenn nicht der Erzbischof
selbst am 15. Februar 1830 an Bunsen ausdrücklich
schriebe: „Tausend Dank für die schnelle Besorgung
meines Diözesangeschäftes. Die Ablaßverleihung für
meine Fastenandacht aber, hochverehrter Herr! was sagen
Sie dazu, daß die Urkunde mir noch nicht mitgeteilt
worden und wahrscheinlich vom Geheimen Oberregie=
rungsrat Schmedding zurückgehalten wird, bis ich für

diese Fastenzeit keinen Gebrauch mehr davon machen kann. Entnehmen Sie, wie weit die Leidenschaftlichkeit den Menschen vom rechten Wege abführt. Er ist in der That ein Verderben bereitendes Werkzeug für die katholischen und Studiensachen in unserm Staate. Möchte er allenfalls durch Beförderung beseitigt werden!"

Auch in der folgenden Zeit steht es nicht besser: Beweis das Schreiben vom 15. Juli 1830: „Unser Herr Kultusminister von Altenstein ist noch nicht wieder genesen, giebt aber die Geschäfte nicht auf, so lange er noch atmet. Nun haben aber auch die Herren Geheimen Ober-Regierungsräte in diesem Ministerio freies Spiel; daher kann ich wegen der Abneigung des Geheimen Ober-Regierungsrates Schmedding für die Erzbiözes zu nichts gelangen. — Ew. Hochw. müssen sich nicht verwundern, wenn unter solchen Umständen ich darauf bedacht sein werde — mit Anstand auszuscheiden." —

Der gleiche Brief giebt übrigens zugleich einen interessanten Beleg dafür, mit welcher Teilnahme der Erzbischof auch den Gang der staatlichen Angelegenheiten verfolgt: „Der unerwartete Trauerfall im Finanz-Ministerio — das Absterben des wirksamen Herrn von Motz — ist eine wahre Kalamität für den Staat. Die allgemeine Geschäftsführung in Finanz-Ministerio ist zunächst an Steuerdirektor Maaßen gekommen.

Wie es nun ferner werden soll, darüber verlautet nichts. Das Publikum glaubt als Aspiranten bezeich= nen zu dürfen die Herren Maaßen, Ladenberg, Rother, Vincke. Es wird immer schwer fallen, den rechten Mann für diese Sache zu finden." Als Postskriptum wird noch gemeldet: „Herr Regierungsrat Helmentag geht im Oktober mit Beförderung nach Magdeburg."

Aber wie hoch sein Interesse am preußischen Staate auch ist, — die Behandlung, die dem Erzbischof selbst von der Berliner „Geheimratswirtschaft" zu teil wurde, mußte schließlich sogar einen so loyalen Mann bitter stimmen. Oder kann man sich wundern, wenn unter sol= chen Hemmnissen sogar ein so staatsfreundlicher Mann dem Gedanken Raum giebt, daß in der That bei der Berliner Regierung ein gewisses Übelwollen gegen die katholischen Unterthanen vorherrsche?*) Der Brief vom 12. August 1830, der über die Vorenthaltung des in Berlin schon

---

*) „Die Köln. Kirchengeschichte u. s. w.", übersichtlich dar= gestellt von Konr. Albr. Ley, 1883, S. 657 f. (Anm.) macht sich diese Mißstimmung in folgender Weise zu Nutz: „Wie sehr selbst der milde und bis über die Grenze des Erlaubten hinaus nachgiebige Erzbischof Ferdinand August von Spiegel unter den antikatholischen Tendenzen der preußischen Staats= regierung seinerzeit zu leiden hatte, geht aus den jüngst ver= öffentlichten Bruchstücken von Briefen hervor, welche der Erz= bischof an seinen Bruder Philipp, österreichischen Gesandten in München schrieb. ‚In Berlin ist ein Evangelizismus

vor längerer Zeit eingegangenen Breve über die ge=
mischten Ehen klagt, fährt unmittelbar darauf fort:
„Das in Berlin gegen alles Katholische und insbeson=
dere Katholischgeistliche vorwaltende Mißtrauen, die all=
gemeine Zurücksetzung des katholischen Religionsteiles
in öffentlichen Geschäften und sogar in jenen der kirch=
lichen und wesentlich religiösen Vorkommenheiten haben
auch mich von der Teilnahme ausgeschlossen; darüber
oder eigentlich Antikatholizismus bei den höchsten Personen
an der Tagesordnung, der noch viel Verdruß erzeugen und
Verderben verbreiten wird.' (Köln, 20. April 1828.) ‚Mit
meiner Gesundheit bin ich um so mehr zufrieden, als die=
selbe sogar dem häufigen Ärger von Berlin widersteht. Un=
glaublich stark ist der Antagonismus wider den Katholizis=
mus bei den allerhöchsten und höchsten Behörden in Berlin
im Zunehmen, ich finde täglich mehr, welch ein beschwerliches
Unternehmen es ist, im preußischen Staat Bischof zu sein.'
(Köln, 24. Juni 1829.) ‚Vorherrschend ist hier Antagonis=
mus gegen alles Katholische; nun ist annebst [anselbst?]
der Minister v. Altenstein durch Krankheit bis zur Kraft=
losigkeit heruntergebracht, und der katholische Dezernent im
Kultusministerio, Herr Schmedding, eines Schlächters Sohn
aus Münster, ist übermäßig stolz, einseitig und mir persön=
lich abgeneigt.' (Berlin, 28. Dezember 1829.) ‚Ich bin in
größerer Besorgnis wie jemals für meinen geistlichen Wir=
kungskreis, da Intoleranz, ich möchte wohl sagen, Groll gegen
alles Katholische die Verwaltungsbehörden, aus Protestanten
zusammengesetzt, in den Rheinlanden bestimmt.' (Köln, 15. Mai
1831.) ‚Die Bischöfe haben eine mißliche Stellung unter

will ich keine Klage führen, aber man kann auch seiner Stellung im Staat nicht froh werden. Ich arbeite mit rastlosem Eifer für das Innere meiner durch das Franzosentum stark heruntergekommenen Erzbiözes und ernte unter dem Beistande des Himmels reiche Früchte aus meinen Bestrebungen. Diese Wohlthat des Him=mels hält mich aufrecht. Aber mein Alter wird mich wohl veranlassen, auf Ruhe zu denken und nach Um=lauf von längstens ein paar Jahren auszuscheiden.

protestantischem Szepter und protestantisch intoleranten Mi=nisterien. Ich lebe daher in fortwährendem Kampfe und werde oft herbe angegangen. Gleichartige Erwiderung ist meine Rettung.' (Köln, 22. Mai 1831.) „Meine amtlichen Arbeiten wachsen sowohl in der Zahl wie Verwicklung. Das protestantische Gouvernement ist mehr wie jemals antikatho=lisiert und quis crediderit — in eine evangelische Propa=ganda ausgeartet; daher die unbegrenzte Förderung der ver=derblichen gemischten Ehen und das Übergreifen vom jus circa sacra in die eigentlichen sacra, wo ich dann natür=lich in Opposition trete und mich herumbalge.' (Köln, 22. Sep=tember 1831.) ‚In meiner druckvollen Geschäftslage gerate ich dermaßen in Spannung mit dem Herrn Kultusminister, daß derselbe mir bereits amtlich gedroht hat, mich unmittel=bar beim Könige des Ungehorsams gegen königliche Kabinets=ordre anzuklagen. Altenstein und sein Sozius Schmedding fordern vom Erzbischofe Gleichstellung mit der Unterwürfig=keit der Superintendenten und zwar in sacris bei amtlicher Kirchenverwaltung und Kirchenämtern. Die katholische Kir=chenfreiheit soll vernichtet werden.' (Köln, 16. März 1834.)"

Mich beschäftigt oft dieser Gedanke und findet in dem
Benehmen des Kultusministerii gegen mich und in der
Feindschaft Schmeddings gegen mich reichliche Nahrung."

Bezeichnender noch als alle diese früheren Klagen
sind die aus dem letzten Jahre von Spiegels Amts=
führung. Gerade nachdem derselbe sich durch die mit
Bunsen abgeschlossene Konvention von 1834 über die
gemischten Ehen ein neues Verdienst um den religiösen
Frieden der Zukunft geschaffen, ist Herr Schmedding
wirklich unermüdlich thätig gewesen, der Ausführung
dieser Konvention Schwierigkeiten in den Weg zu
legen. Da wir aber dieser ganzen Frage ohnedem
noch im eignen Zusammenhang gedenken müssen, so
sei an dieser Stelle nur noch des Briefes vom 28. Fe=
bruar 1832 gedacht: „Ew. Hochw. liebevollen konfiden=
tiellen Brief vom 31. vorigen Monats erhalte ich be=
reits am 11. Februar. Derselbe hat mich ungemein
beglückt, sowie der Inhalt überhaupt mich erfreut; ich
fühle mich tief verpflichtet für die Eröffnungen und
Winke. — Aber wie verwundert werden Ew. Hochw.
über die Nachricht sein, daß die Provisions=Bulle
für den geistlichen Rat Dr. München noch nicht hier
angelangt ist, der Geheime Ober=Regierungsrat Schmed=
ding diese Urkunde aus Willkür, um den Provisor an
Einkommen und Rang zu verkürzen, zurückhält. —
Schmedding, dieser leidenschaftliche Frömmling, hat mehr

und mehr den Herrn von Altenstein unterjocht, die Exzellenz ist schwächer als schwach geworden und Schmedding benützet das Übergewicht, so er über seinen Minister gewonnen hat. — Der Geschäftsgang beim Altensteinschen Ministerium war nie blühend, wohl aber schleppend, aber jetzt ist aller Geschäftsverkehr noch tiefer gesunken; ein Drittel der Ministerialräte würde hinreichen, alle Vorkommenheiten schnell abzuthun, wenn zum Zweck gearbeitet würde. Ich traure tief über diese Lage der kirchlichen Angelegenheiten und bin wirklich ermüdet in meinem Streben; ich fühle sogar Geneigtheit, meinem großen Wirkungskreise zu entsagen, weil der leidenschaftliche Schmedding mir überall hinderlich im Wirken ist. Würde von seiten des päpstlichen Hofes etwas geäußert in bezug auf die katholisch-theologische Fakultät zu Bonn, würde auf meinen vierjährigen Diözes-Verwaltungsbericht eine Rückäußerung erfolgen, so wäre eine vertrauliche Nachricht vom Inhalte im allgemeinen mir um so wertvoller, als ich darauf rechnen muß, daß wenigstens zwei Monate lang die Antwort des Papstes mir vorenthalten wird."

Schon aus diesen den ganzen Briefwechsel mit Bunsen durchziehenden Klagen des Erzbischofs an den Gesandten über den verhängnisvollen Einfluß, welcher aus dem Verstecke der Bureaukratie heraus alle seine Bestrebungen durchkreuzte, fällt auf die widernatürliche

Stellung Spiegels ein nur zu grelles Licht. Und doch
bestätigen sie nur, was schon ohnedem bekannt war
oder wenigstens bekannt sein könnte. Denn für die
Position, welche der damalige Staat dem höchsten kirch=
lichen Leiter der katholischen Kirche zuwies, möchte es
wohl kaum ein trüberes Symptom geben, als wenn
der letztere, um seine Amtspflichten ungestört erfüllen
zu können, sogar bei dem Chef des Militärkabinetts
Hilfe suchen muß und nicht einmal findet. Man ver=
gleiche in dieser Hinsicht aber nur die Dochowsche Bio=
graphie des nachmaligen Kriegsministers Job von Witz=
leben, ein Buch, von dem man allerdings am wenigsten
vermuten sollte, daß es zu den Quellen der neuesten
Kirchengeschichte gehört. General von Witzleben ist per=
sönlich ein höchst ehrenwerter Charakter und noch von
dem Geiste der Scharnhorst, Boyen, Gneisenau getragen,
nebenbei bemerkt, auch derselbe, dessen Mithilfe der
König bei der Ausarbeitung der evangelischen Agende
in Anspruch nahm. Aber ist es darum prinzipiell
weniger unnatürlich, wenn der Kölner Erzbischof sich
an ihn mit der Bitte wenden mußte, womöglich den
König selbst über die unerträgliche Sachlage aufzu=
klären? Von einer Folge dieses Schreibens ist nichts
bekannt geworden. Wir wissen daraus nur das eine,
daß der Erzbischof selbst nichts versäumte, um die
Hemmnisse seiner Amtsführung aus dem Wege zu

räumen. Je fataler nun aber für den Erzbischof die Lage der Dinge im Kultusministerium war, um so mehr war er naturgemäß auf die Bereitwilligkeit des Gesandten angewiesen, seinerseits die von jenem an die Kurie gerichteten Eingaben möglichst zu förbern. Dies der Grund, daß Spiegels Briefe an Bunsen zugleich den weitern Wert für uns haben, nicht bloß in die Bestrebungen des Erzbischofs, sondern zugleich in die ihn dabei leitenden Motive den tiefsten Einblick zu ge= währen.

Auf andere Dinge, welche außer seinem amtlichen Geschäftsbereich liegen, geht der Erzbischof nur höchst selten ein. Außer dem oben erwähnten Bericht über die Vakanz im Finanzministerium ist es nur noch der zuletzt erwähnte Brief vom 28. Februar 1832, in wel= chem die politische Lage gestreift wird. Wir schalten die betreffenden Äußerungen daher gleich hier ein: „Österreichs kräftiges Benehmen dürfte dem würdigen Kirchenoberhaupte Gregor XVI. die wünschenswerte Ruhe der zum Kirchenstaate gehörenden Legationen nun fer= ner gewähren, aber die ungebetene und unerfreuliche Teilnahme der Franzosen betrachte ich als Ruhe und Frieden störend für das österreichische Italien. Ew. Hoch= wohlgeboren, dem Schauplatze der politischen Ereignisse ganz nahe, vermögen richtiger zu urteilen als ich am linken Rheinufer. Das rheinische Generalgouvernement

Briefe Spiegels. 4

hier in Köln wird noch nicht aufgelöst werden, die größeren angemieteten Häuser werden bis zum 1. November gemietet bleiben. Dieses Ereignis ist für Köln augenblicklich willkommen, aber auf das Eintreffen des Prinzen Wilhelm von Preußen, Bruder des Königs, wird nur für den Fall größerer Verwickelung der Dinge an Hollands und Belgiens Grenzen gerechnet — pacem deposuimus omnes."

Um so zahlreicher jedoch sind die eigentlichen Herzensergießungen über die amtlichen Geschäfte, deren Besorgung dem Erzbischof auf der Seele liegt, so daß wir gerade aus diesen Ausführungen die ganze Art seiner Auffassung des bischöflichen Amtes klarer wie aus allen andern Daten erkennen. Schon in dem Briefe vom 8. August 1828 (der zugleich zum ersten Male die Frage der gemischten Ehen berührt) bittet der Erzbischof zugleich um Beschleunigung einer ganzen Reihe von denjenigen Geschäften, die durch das Ministerium der Gesandtschaft zugehen mußten. Die tiefer liegende Ursache dieser in den folgenden Briefen in stets größerm Umfange wiederholten Bitten wird hier noch nicht direkt hervorgehoben. Dagegen werfen schon die Gegenstände, worauf sich dieselben beziehen, auf die eigene Anschauungsweise des trefflichen Kirchenfürsten ein helles Licht: „Ew. Hochw. vergönnen mir, Ihnen einen freundlichen Gruß vom Rheinufer aus der

Sancta Colonia nach der Siebenhügelstadt senden zu mögen. Nicht nur meine Ew. Hochw. gewidmete wahre Hochachtung, sondern auch die Angelegenheiten meiner Erzbiözes Köln geben mir Veranlassung, mich Ew. Hochw. Andenken zurückzurufen, um zu ersuchen, die Erneuerung · der in der Zeit abgelaufenen Fakultäten balbigst zu erwirken, dann auch mich vertraulich benachrichtigen zu wollen, wie meine Anträge in Betreff der anderweitigen Ordnung der Feiertage und Dispensationsfakultät in voto simplici castitatis*) aufgenommen worden. Die endliche Wiederbesetzung des bereits im zweiten Jahre erledigten Kanonikats in Aachen wird auch in Rom gewünscht. Daher glaube ich der römischen Provision für den vom hohen Ministerio empfohlenen Dr. theol. Herrn Wecklein mit jedem Tage entgegen sehen zu dürfen. . . .

Für die Erwirkung vieler Dispensen in matrimonialibus**) habe ich Ew. Hochw. seit Ihrer Wiederanwesenheit in Rom zu danken. Die vormals sehr seltene Dispens in primo gradu affinitatis†) ist nun schon einigemal erteilt worden. Dadurch ist sehr gut gehandelt und Ärgernis gehoben worden. Bedenkt man,

---

*) Dispens von dem einfachen Keuschheitsgelübde.

**) Ehesachen.

†) Im ersten Verwandtschaftsgrade.

daß das Zivilgesetz das erwähnte impedimentum ma-
trimonii*) aufgehoben hat und die Ziviltrauung jener
in der Kirche vorgeht, so sind die unglücklichen Folgen
aufgeregter Leidenschaft leicht zu berechnen sowie zu be=
klagen."

Ein kürzerer Brief vom unmittelbar folgenden
Tage kann wenigstens einen Teil jener Geschäfte als
erledigt bezeichnen, bringt aber umsomehr auf die Ord=
nung der noch rückständigen Angelegenheiten: „Ew.
Hochw. muß ich einen Nachtrag zu meinem Schrei=
ben von gestern schicken — ein Teil meiner Desiderien
ist noch gestern Abend erfüllet erschienen, ich erhielte
von dem Herrn Oberpräsidenten von Ingersleben in
Coblenz nebst dreizehn Ablaßbreven auch vier rescripta
als Erneuerung dreijähriger Fakultäten — ich werde
die bezeichneten vier scudi zugleich mit den von mei=
nem Generalvikariate zu berichtigenden einundvierzig
Skudi zur Zahlung anweisen. Die noch nicht erwirkte
Fakultät, in voto simplici castitatis dispensieren zu
können, ist mir nicht persönlich wichtig, wohl aber fol=
genreich für den Staat, da so manches aufblühende
Mädchen sich mit einem derartigen ernsten Versprechen
übereilt hat, sich als Tertiarierin im Franziskusorden
im stillen einschreiben ließ und nun das gethane be=

---

*) Ehehindernis.

reut. Die Dispens einzeln von Rom zu holen hin=
dert der Oberregierungsrat Schmedding."

Auch der Brief vom 24. Oktober 1828, der im
übrigen über den unten näher besprochenen Besuch
Capaccinis eingehend berichtet, enthält zum Schluß
wieder eine Anfrage wegen der noch immer nicht
entschiedenen Festordnung: „Noch erlaube ich mir die
Nachfrage, wie weit mein Gesuch einer gleichartigen
Festordnung zum Ergebnis gekommen ist. Der An=
trag in sich kann in Rom nur willkommen sein,
und für den Staat ist die Gleichförmigkeit in der
kirchlichen Feier von den besten Folgen; denn mein
Vorschlag gründet sich auf die Anordnung in den alten
Provinzen der preußischen Monarchie."

Eine ganz besondere Bedeutung aber gewinnt der
gleiche Brief durch seinen Bericht über den Besuch
Capaccinis. Auf seiner Reise nach den Niederlanden
war nämlich der von Bunsen allerseits so warm em=
pfohlene Prälat auch nach Köln gekommen. Aus sei=
ner Verhandlung mit dem Erzbischof von Utrecht ken=
nen wir Capaccini als einen der geriebensten Vertreter
des Papalsystems. Dessen ungeachtet, und obgleich der
Kölner Erzbischof die in Rom gegen ihn selbst ange=
sponnenen Intriguen schon zur Genüge erfahren hatte,
erscheint der römische Nuntius ihm fast wie ein Retter
aus der Not im Vergleich mit den Schwierigkeiten, die

allen seinen edlen Bestrebungen in Berlin selber er=
wuchsen. Wir glauben daher den inhaltreichen Brief
(mit Ausnahme der anderweitig angeführten Bezug=
nahme auf die Festordnung und die Ehefrage) hier in
seinem vollen Wortlaut folgen lassen zu sollen: „Ew.
Hochw. dürften zur Genügeleistung auf die verehrliche
Zuschrift vom 1. Mai alsbald nach stattgefundener
Anwesenheit des Monsignore Capaccini Nachricht von
mir erwarten; ich würde auch sofort geschrieben ha=
ben, wenn etwas für Ew. Hochw. wesentliches anzu=
zeigen gewesen. Nun aber beharrte ich fürs erste in
meinem ernsten Streben, mich aus dem Geschäftsge=
dränge herauszuwinden, was mir denn auch mit Auf=
opferung nächtlicher Ruhe ziemlich gelungen ist. Aber
die Verschiedenheit der Ansichten beim hohen geistlichen
Ministerium und mir über Kirchen=, Schul= und Uni=
versitätssachen ist vielfach nicht ausgeglichen. Dar=
über trauere ich sehr. Doch genug hievon, ich will
Ew. Hochw. vom Herrn Capaccini reden und beginne
freudig meine Erzählung mit der aufrichtigen Eröff=
nung, daß dieser römische Geschäfts= und Staatsmann
mit unbegrenzter Hochachtung dem Herrn Geheimen
Legationsrate Bunsen wahrhaft zugethan zu sein satt=
sam zu erkennen gegeben hat; diese Stimmung gewäh=
ret Erleichterung in den vielfach schwierigen Geschäften,
so Ew. Hochw. zu behandeln haben. Capaccini ist

ein vortrefflicher Geschäftsmann, ich bin erfreut über seine Bekanntschaft und auch ganz zufrieden von sei=nem Benehmen gegen mich. Mit Freundlichkeit und Vertrauen bin ich ihm entgegengekommen, und er hat es an geneigter Erwiderung nicht fehlen lassen, — zu meinem Leidwesen war sein Aufenthalt in Köln auf einen Tag beschränkt, diesen habe ich angenehm mit ihm verlebt. Er hat bei mir beim Mittagsmahl das gesamte Domkapitel und die ersten Stadtzivilautoritäten gefunden, und die Domkirche nebst meinem (magern) Museum habe ich ihm gezeigt. — Ich erfuhr von ihm, welche griefs zu Rom gegen mich vorgebracht sind, es wäre sehr leicht, mich zu rechtfertigen und die Angeberei als Geklatsch zu charakterisieren; ich darf hoffen, Herr Capaccini hat mich als Mann von festem Charakter, mannigfachem Unterrichte und den Prinzipien der ka=tholischen Kirche treu gefunden. In Bonn hat das theologische Konviktorium als Vorschule des Erzbischöf=lichen Seminars sehr gefallen; überhaupt ist Capaccini zufrieden mit der Universität Bonn und wird davon eine günstige Darstellung gemacht haben. — Neben dem Geschäftsbetrieb in Disziplinarsachen und beim Erzbischöflichen Generalvikariat war auch zwischen Herrn Capaccini und mir ausführliche Verhandlung, indem ich von dem zur Versetzung verurteilten Pfarrer Höhr unmittelbar wäre angeklagt worden, daß ich die Be=

rufung an das Ministerium zu Berlin, also an den
weltlichen Richter als zulässig erklärt hätte. — In
dieser Sachlage mußte ich mir freilich eingestehen, daß
ohne mein Verschulden die Gerichtsbehörden der Bischöfe
noch gar nicht geordnet seien. Herrn Capaccini war
diese Geschäftslage unerwartet. Er äußerte mir, dar=
über werde er noch mit dem Geheimen Legationsrat
Bunsen rechten. — Mir wird es erwünscht sein, wenn
der Organisationsartikel über Ausübung der geistlichen
den Bischöfen für ihre Verwaltung unentbehrlichen Ge=
richtsbarkeit endlich zur Reife kommt. Der römische
Hof muß und wird auf diesem in der kirchlichen Hier=
archie wesentlichen Punkt mit Ernst bestehen." .

Schon am 12. Dezember 1828 hat der Erzbischof
abermals um Beschleunigung der Festordnung und der
Dispense in voto simplici castitatis gebeten: „Ew.
Hochw. haben viele frohe und genußreiche Tage ver=
lebt, Ihnen ist das Glück zu Teil geworden, mit und
um unsern Kronprinzen Königliche Hoheit zu sein.
Darüber Ew. Hochw. meine aufrichtige Teilnahme zu
äußern, und meine Hochachtung auszudrücken, ist die
Veranlassung meines Schreibens, so Hochdieselben freund=
lich aufnehmen wollen. — Auch erlaube ich mir meine
Diözesanen und mich selbst Ew. Hochw. gütigem An=
denken und wirksamem Betriebe gehorsamst zu em=
pfehlen. In dieser Beziehung vergönnen HochSie mir

die Nachfrage: wie weit die Angelegenheit der neu auf=
zustellenden Festordnung gekommen ist. Mein Antrag
kann in Rom nur willkommen sein, und für unsern
Staat ist die Angelegenheit wichtig in den Folgen und
einigend auf die Gemüter an beiden Rheinufern. Auch
eine erweiterte Dispensbefugnis in voto simplici hatte
ich angeregt, und da mein Antrag von Herrn Schmed=
ding übel verstanden und nicht begriffen war, Ew.
Hochw. an dem für mich frohen Tage Ihres Hier=
seins näher erläutert und Ihre Meinung für die Sache
gewonnen — nicht um meinetwegen, sondern wegen
der Qual, worin viele junge Mädchen aus Übereilung
sich versetzt haben, würde die päpstliche Erteilung der
Befugnis mir willkommen sein. Rom hat eine der=
artige Dispensbefugnis oft an Bischöfe verliehen."

Der Brief vom 19. Februar 1829 geht gleichfalls
von neuem auf die stets noch unerledigte Dispensfrage
ein. Und es ist wieder in hohem Grade bezeichnend,
wie der Erzbischof, von der staatlichen Behörde in einer
im höchsten Interesse des Staates liegenden Frage nicht
nur nicht unterstützt, sondern gehemmt, seine Hoffnung
auf den in Köln gewesenen römischen Legaten und dessen
bessere Kenntnis der Sachlage setzt: „Meine Dispen=
sationsfakultät in voto simplici castitatis betreffend
lege ich eine neue Ausfertigung meines Gesuchs zu=
folge Ew. Hochw. gefälligen Erlaubnis hier an. Dann

wird sich aufklären, ob de Augustinis*) Angabe über
verlegtes Papier gegründet ist und auch inwiefern
Capaccini's Urteil über mich guten Einfluß in Rom
hat. — Herr Capaccini ist ein Ehrenmann, seine gegen=
wärtige Unterhandlung ist eine der schwierigsten Auf=
gaben, inmittels seine Gewandtheit, Geistesgröße und
Geistesgegenwart auch ausgezeichnet groß . . . . . Über
des heiligen Vaters Gesundheitslage sind ungünstige Ge=
rüchte im Umlauf; ich hoffe sie mit Grund für unge=
gründet halten zu können. Der Himmel erhalte noch
lange Jahre diesen Papst seiner Kirche."

Am 12. Mai 1829 konnte der Erzbischof wenig=
stens die Erledigung der Festordnung und den Empfang
der Dispense von dem Zölibatsgelübde zahlreicher Ter=
tiarierinnen melden: „Ew. Hochw. habe ich seit ge=
raumer Zeit nicht geschrieben, ich nehme Anstand, den
vielfach beschäftigten Minister-Residenten ohne hinreichen=
den Grund an seiner Arbeit zu stören, aber heute
fühle ich mich dazu berechtiget, auch angenehm ver=
pflichtet. Mit reinem Dankgefühl für Ew. Hochw.
Bemühungen habe ich anzuzeigen, daß die römischen
Breves zu der neuen Fastenfeier in den westlichen Pro=
vinzen der preußischen Monarchie mir nun, da unsres
Königs Majestät den Inhalt sanktioniert und die Aus=

---

*) Ein später noch einmal erwähnter Kanonikus.

führung durch eine Allerhöchste Kabinettsordre vom
24. März erlaubt haben, vom Kultusministerium zugeschickt sind. — Mich hat die Angelegenheit sofort
ernstlich beschäftiget und am nächsten Sonntag, den
17. Mai, wird die Bekanntmachung im Erzstifte Köln
geschehen; auch habe ich alles Erforderliche an die
Suffraganbischöfe nach Trier, Münster und Paderborn
geschickt, damit sie in ihren Bistümern die vorgeschriebene Festordnung auch einführen mögen und dadurch
geziemend nachkommen, wie es Staat und Kirche vor-
geschrieben haben. Nicht minder dankbar bin ich Ew.
Hochw. für die Erwirkung der facultas dispensandi
in voto simplici castitatis für die dreißig Fälle —
in Berlin hat es aufs wenigste beim Herrn Schmed-
bing Aufsehen gemacht, daß die Bewilligung erfolgt sei."
Mit um so größerm Eifer nimmt Graf Spiegel
dann aber alsbald eine andre, für die kirchliche Praxis
der Bevölkerung nicht minder wichtige Frage an die
Hand, bei welcher ihm bis dahin ebenfalls von Schmed-
bing Opposition gemacht worden war: eine bessere Ordnung des Ablaßwesens. Schon am 21. Juni 1829
teilt er dem Gesandten mit, daß er dem Kultusministerium bereits vor längerer Zeit ein Gesuch an den
Papst „um eine Ablaßverleihung für eine von mir eingeführte Fastenandacht" eingereicht habe, und „diese re-
ligiöse Sache ganz ernstlich empfehle." Auch das Mo-

tiv dazu wird gleichzeitig klar ausgesprochen: „Ich be=
zwecke dadurch Hemmung der vielen kleinen Nebenan=
dachten, welche teils Aberglauben an ein Kapellchen
fördern, oder vielen andern Unfug zur Folge haben."

Der Brief vom 6. Juli 1829 fügt die weitere
Mitteilung hinzu: „Mir ist es nun endlich geglückt,
das Ministerium der geistlichen Angelegenheiten zu be=
stimmen, mein Gesuch an den Papst um Verleihung
eines vollkommenen Ablasses für die von mir ange=
gebene Fastenandacht an Ew. Hochw. zur Förderung ab=
gehen zu lassen. Ich empfehle diese Sache um so
dringender, als ich auf diesem Wege die allmälig auf=
gekommene Nebenandacht in den Kapellen u. s. w. ver=
dränge, sobald ich den vollkommenen Ablaß bekannt
machen kann."

Genauer geht noch der Brief vom 18. August
1829 auf die gleiche Frage ein: „Ew. Hochw. erhal=
ten dies Mal die Dispensgesuche unmittelbar durch
mich — indem der Generalvikar Hüsgen auf einer Er=
holungsreise ist und ich nun auch auf einige Wochen
das Generalvikariat in allen seinen Teilen beachte und
die Geschäfte fördere. Ew. Hochw. habe ich nun auch
ein Gesuch meinerseits angelegentlich vorzubringen und
zwar: Hoch Sie mögen mein Gesuch an den hei=
ligen Vater um Ablaßverleihung für die von mir ein=
geführte Diözesanfastenandacht möglichst beschleunigen und

fördern; das hohe Kultusministerium in Berlin hat mir lange schon die Übersendung meiner zwei Schrei= ben an den Papst angezeigt und daß Ew. Hochw. mit der Besorgung beauftragt sei; daß mein Ablaßge= such keinem Anstand in Rom unterliegt, darüber habe ich mir privatim die Versicherung geschaffen, und der Umstand der Kosten, möge der Betrag siebenzehn und ein halb Skudi oder noch weit mehr sein, kömmt bei mir nicht in Betracht; ich stehe die Kosten zum Wohl und zu der Zufriedenheit meiner Diözesanen ganz gern. Mithin wiederhole ich die Bitte, Ew. Hochw. wollen mein geistliches Geschäft alsbald vornehmen; mich würde es sehr glücklich machen, wenn ich die Expedition die= ses Ablasses auf immer oder, wie man sich kirchlich auszubrücken pflegt, auf ewige Zeiten noch vor meiner Reise nach Berlin, wohin ich mit Ablauf Oktober fahre, erhalten würde. Ew. Hochw. im Laufe des Winters in Berlin zu sehen, dazu möchte ich mir wohl die Hoffnung gern machen, ob ich aber auf Erfüllung mei= ner Wünsche rechnen darf, können Sie allein beur= teilen."

Wie wichtig diese Ordnung des Ablaßwesens dem unermüdlich auf seine volksfreundlichen Bestrebungen bedachten Kirchenfürsten erschien, erweist auch der fol= gende Brief vom 14. Oktober 1829: „Ew. Hochwür= den habe ich im August laufenden Jahres ersucht, mein

Ablaß=Gesuch) für die Diözesan=Fasten=Andacht bei dem heiligen Vater oder bei der für das Geschäft geeigneten Behörde in Rom möglichst zu fördern. Dieses Bitt= schreiben an den Papst ist gleichzeitig mit meinem Gra= tulationsschreiben an den heiligen Vater zu seiner Thronbesteigung Ew. Hochw. zugeschickt worden, so mel= det mir das hohe Kultusministerium. Die äußerst wohlwollend und auch in Beziehung auf die gemischten Ehen günstig abgefaßte Antwort des Papstes habe ich bereits von Berlin erhalten, aber über mein Ablaßge= such verlautet noch nichts. Darf ich die Veranlassung dieser Verzögerung bei Ew. Hochw. unmittelbar er= fragen? Die Bewilligung des Ablasses, sowie ich den= selben nachgesucht habe, unterliegt beim Papste keiner Beschwerde, dafür ist privatim Fürsorge meinerseits ge= schehen."

Das folgende Jahr 1830 brachte dann wieder eine ganze Reihe von Dispensgesuchen, um deren rasche Erledigung der Erzbischof wiederholt den Gesandten er= suchte. So heißt es schon am 3. Januar 1830: „Ich danke Ihnen aus ganzer Seele für die prompte Be= sorgung der Angelegenheiten der Erzbiözese Köln, es sind deren viele im abgelaufenen Jahre vorgekommen, und nun in den ersten Tagen des neuen Jahres kom= men noch wieder neue Dispensgesuche. Um Fortdauer der bisher erfahrenen großen Dienstgefälligkeit bittend, wiederhole ich die Versicherung meiner wirklichen und vollkommenen Hochachtung."

Von besonderm Interesse ist unter den Ehedispensen auch ein einzelner Fall, der den Erzbischof ersichtlich persönlich lebhaft in Anspruch genommen hat. Der Brief vom 15. Juli 1830 enthält darüber die Mit=teilung: „Ew. Hochw. erlaube ich mir eine Ehedis=pens aus dem Bistum Paderborn zum möglichst schnel=len Betrieb empfehlen zu dürfen. Es ist jene des an der Universität als Privatdozent in der Rechtsfa=kultät stehenden Dr. Karl Ludwig Arndts mit Bertha Arndts in Arnsberg — Geschwisterkinder untereinan=der — für die genannten nicht nur, sondern auch für die gesamte Familie wäre eine baldige Vollziehung wünschenswert — ich sowohl als meine Geschwister sind mit der Familie Arndts vieljährig bekannt, daher hat Dr. Arndts, der auf den Paderborner Geschäfts=betrieb (leider mit Grund) nicht viel vertraut, mich er=sucht, Ew. Hochw. diese Eheangelegenheit dringend zu empfehlen. Für die Kosten sind nach der Anforde=rung des Geheimen Regierungsrates Kanonikus Sauer zehn Friedrichsdor deponiert — würden die Kosten noch sechs Friedrichsdor mehr betragen, so würde der Dr. Karl Ludwig Arndts in Bonn den Nachtrag gern leisten, was er mir eben heute geschrieben hat."

Von einer gleichartigen Dispensangelegenheit han=

belt auch der Brief vom 12. August 1830, der zum
Schluß aufs wärmste für die Berücksichtigung der erz=
bischöflichen Fürsprache in der Dispens für den Herrn
Dr. Arndts dankt, schon in den ersten Worten aber
zugleich prinzipiell die Wichtigkeit einer rascheren Er=
ledigung solcher Fälle mit bezug auf die von allen sol=
chen Ehehindernissen dispensierende Ziviltrauung aus=
einandersetzt: „Ew. Hochw. will ich sofort warmen
Dank für die inhaltreiche Zuschrift vom 31. Juli
äußern, da noch wieder zwei Dispense in primo gradu
affinitatis zu erbitten sind; — diese in der katholischen
Kirche ungern gesehenen Ehen sind bei unsern bestehen=
den gesellschaftlichen Verhältnissen unvermeidlich, aber
auch für mancher Familien Wohlstand und Erziehung
der Kinder aus der frühern Ehe ganz ersprießlich, an=
bei besteht ein derartiges Hindernis in bürgerlicher
Hinsicht gar nicht mehr, und Ew. Hochw. wissen
auch, daß die Zivilehe noch fortdauert und auf dem
linken Rheinufer die bürgerliche Trauung der Einseg=
nung in der Kirche vorangeht. — In dieser Sachlage
kann es nicht dankvoll genug erkannt werden, daß durch
Ew. Hochw. Wirksamkeit derartige Dispensen eher er=
folgen als sonst.“

Auch am 30. Oktober 1831 ist wieder von ähn=
lichen Fällen die Rede: „Ew. Hochw. vergönnen mir
bei Gelegenheit, daß noch wieder zehn zum Teil be=

schwerliche Dispensgesuche HochJhnen zur Förderung an die päpstliche Behörde zugehen, meine Dankem= pfindung auszudrücken, daß Ew. Hochw. mit so regem unermüdetem Eifer als auch mit großer Pünktlichkeit die häufigen Kölner Diözes=Angelegenheiten besorgen und dadurch die Erzdiözese Köln sowie derselben Erz= bischof hoch verpflichten. Indem ich diese Anerkennung mit Geneigtheit aufzunehmen bitte, bemerke ich zugleich zu der verehrlichen Zuschrift vom 30. September, daß ich alsbald nach derselben hinging, mich mit dem Ge= neral=Vikariats=Registrator Wettendorf wegen der noch rückständigen Kosten benommen und deren Berichtigung veranlaßt habe — wie dieses von ihm besolgt, wollen Ew. Hochw. aus der anliegenden Berechnung ersehen."

Demselben Briefe entnehmen wir zugleich noch eine Ausführung über die Besetzung vakanter Dom= pfründen: „Die Erledigung von vier Dompfründen an der Metropolitankirche in Köln, sämtlich zur päpstlichen Provision, wird Ew. Hochw. bekannt sein. — Mei= nes Wissens hat das königliche Ministerium nur erst für ein Subjekt — für den tiefgelehrten geistlichen Rat Doctor theologiae et utriusque juris Nikolaus München in Köln sich bestimmt. Ich habe das testi- monium idoneitatis ausgefertigt und an Herrn von Altenstein Exzellenz geschickt. — Von den Subjekten für die drei andern Dompfründen weiß ich noch nichts.

— Wenn die Provision für den Dr. Nikolaus Mün=
chen eher wie für die andern erfolgt, so bitte ich, mich
unmittelbar oder allenfalls durch den ehrenwerten Ka=
nonikus de Augustinis davon in Kenntnis zu setzen.
Ich wünsche die Beförderung des München, um ihn
vollends in dioecesanis thätig und wirksam werden zu
machen."

In besonderm Zusammenhang erwähnen wir schließ=
lich noch die verschiedenen Fälle, wo der Erzbischof auf
die Bonner Fakultät, welche den Jesuiten und ihrem
dienstbeflissenen Werkzeuge Schmedding schon damals
ein Dorn im Auge war, zu reden kommt. Es ge=
schieht dies nämlich in den Briefen vom 18. August
1829, 30. Oktober 1831 und 28. Februar 1832:

(18. August 1829): „P. S. Über die theologische
Studienfrage in Bonn habe ich ein ausführliches Schrei=
ben an den Papst gefertigt und dadurch dem Verlangen
des geistlichen Ministeriums genüget. Nun aber findet
man wieder Anstand, es abzuschicken, und andererseits
geschieht nichts für die katholisch=theologische Fakultät
in Bonn — der Geschäftsbetrieb ist mir unerträglich."

(30. Oktober 1831): „Ew. Hochw. besonderer Gön=
ner Cappellari sitzt nun als Gregor XVI. auf dem
päpstlichen Thron, dadurch können Hochderselben Ver=
hältnisse nur noch angenehmer, aber auch der Einfluß
stärker geworden sein. Dazu wünsche ich von ganzem

Herzen Glück und schöpfe neuen Mut, die katholisch=
theologische Fakultätsangelegenheit an der Rhein=Uni=
versität Bonn werde auch zu unser aller Zufriedenheit
reifen. Das Gratulationsschreiben der bezeichneten
wird aus Ew. Hochw. Händen milde Aufnahme bei
Gregor XVI. gefunden haben. Der gegenwärtige Zu=
stand der theologischen Fakultät bleibt immerhin pein=
lich — ich bin aber den Professoren das Zeugnis der
Wahrheit schuldig, daß sie vieles und gutes zum Zweck
leisten."

(28. Februar 1832): „Die katholisch=theologische
Fakultät in Bonn wird stiefmütterlich von seiten des
Kultusministers behandelt. Schmedding zieht die wif=
senschaftlich ausgebildeten Subjekte von Bonn weg, und
nähret dadurch seine Eifersucht darüber, daß die theo=
logischen Studien in seiner Vaterstadt Münster noch
immer tiefer stehen als in dem nun bald verwaisten
Bonn. Wenn der bisherige Gang der Dinge fort=
dauert, so gerate ich, oder doch mein Nachfolger in die
Notwendigkeit, auf Anordnung des theoretisch=theologi=
schen Studiums im erzbischöflichen Seminar zu drin=
gen, was an sich den Staatsbehörden unangenehm sein
und auch für die wissenschaftliche Ausbildung beschrän=
kend ausfallen würde."

Absichtlich haben wir erst alle andern Amtsge=
schäfte des Erzbischofs durch seine eigenen vertraulichen

5*

Äußerungen beleuchten wollen, bevor wir derjenigen
Angelegenheit uns zuwenden, wo er zweifellos die größ=
ten Verdienste beanspruchen kann. Wenn es von ihm
abgehangen hätte, so wäre dem deutschen Volke die
neue konfessionelle Selbstzerfleischung erspart geblieben.
Und sein ganzes Vorgehen in der Frage der gemischten
Ehen zeigt ihn zugleich als einen solchen Kenner der
Kurialsprache, daß er auch nach dieser Seite hin sich
keinerlei Blöße gegeben hat. Lassen wir aber, bevor
wir dieses Urteil begründen, ihn wieder selber über
seine ganze Auffassungs= und Handlungsweise Zeugnis
ablegen! Bereits gelegentlich der Niebuhrschen Konkor=
datsverhandlungen hatte der rheinische Oberpräsident Graf
Solms=Laubach die Frage der gemischten Ehen als die
erste bezeichnet, welche eine der Parität der Konfessionen
entsprechende Lösung verlange, und deshalb als unabweis=
bare Vorbedingung an die Spitze aller Verhandlungen
mit der römischen Kurie gestellt werden müsse. Niebuhr
aber ist statt dessen dem heikeln Punkt einfach aus dem
Wege gegangen, um nur ja nicht daran die Errungen=
schaften scheitern zu lassen, welche er — allerdings nicht
für den von ihm vertretenen Staat, umsomehr aber
für das arme harmlose Papsttum, diese immer mehr
sinkende Macht — anstrebte. Wie bald die Folgen dieser
merkwürdigen Politik gerade in den tieferen Schichten des
Volkslebens verspürbar wurden, wurde oben bereits (in

der Einleitung S. 28,9) an dem Bocholter Falle beleuchtet, in welchem die nunmehrige völlige Hilflosigkeit des Staa= tes, die ihm obliegende Gleichberechtigung der verschie= denen Kirchen zu schützen, wahrhaft höhnisch ad absur= dum geführt wurde. Wegen dieser von der neuen Je= suitenpartei mit berechneter Kunst auf die Spitze ge= triebenen Verlegenheit der staatlichen Behörden war dann Bunsen von Rom nach Berlin berufen worden. Aber auch er war noch derart in Niebuhrs Vertrauens= seligkeit der Kurie gegenüber befangen, daß seine Denk= schrift vom 4. Februar 1828 statt zweckentsprechender Verhandlungen mit den Landesbischöfen eine weitere Vereinbarung mit der Kurie vorschlug.*)

Der zu diesem Behufe eingeschlagene Weg bestand in der Einreichung eines Gesuches des Kölner Erzbi= schofs um die zur Vermeidung der Streitigkeiten er= forderlichen Dispense. Es lag daher in der Natur der Sache, daß von da an gerade diese Frage auch in den Privatbriefen des Erzbischofs fast regelmäßig berührt wurde. Aber in welche Situation des von den besten

---

*) Über die Vorgeschichte dieser Verhandlungen vergl. die verschiedenen Papstregierungen sowie den Abschnitt über Niebuhr als „Adepten des Papalsystems" in der „Geschichte des Katholizismus seit der Restauration." S. 59. 85—90. 99—101.

Abſichten beſeelten Kirchenfürſten blicken wir nun ge=
rade hier wieder hinein

Der erſte Brief des Erzbiſchofs, welcher uns aus der
Zeit nach Einreichung ſeines Geſuches vorliegt, (vom
8. Auguſt 1828) hat die Frage noch in einer Weiſe
berührt, die auch ſeinerſeits Hoffnungen auf eine fried=
liche Löſung bekundet, aber doch ſchon auf die Schwie=
rigkeit der ganzen Sache hinweiſt: „Die größere Be=
auftragung von ſeiten unſeres Hofes, die Geſtattung
der gemiſchten Ehen, wird durch die eingetretene Ver=
änderung im päpſtlichen Staatsſekretariat erleichtert
worden ſein. Dazu wünſche ich Ew. Hochw. Glück,
inmittels dürfte doch immer das Ergebnis von Ihrem
Benehmen mit dem heiligen Vater abhängen."

Der wenige Monate ſpäter geſchriebene Brief, wel=
cher über den Aufenthalt des Monſignore Capaccini in
Köln berichtet, (vom 24. Oktober 1828) enthält zu=
gleich ſchon eine Erkundigung, wie es mit den betreffen=
den Verhandlungen ſtehe: „Von Ew. Hochw. wünſche
ich von der Unterhandlung über Behandlung der ge=
miſchten Ehen bald das Nähere und Gewünſchte zu
erfahren."

Desgleichen heißt es alsbald wieder in dem nächſt=
folgenden Briefe (vom 12. Dezember 1828): „Wie
ſteht es denn nun endlich mit der großen Sache der
gemiſchten Ehen? Ich vertraue auf baldige Anordnung

des heiligen Vaters an seine Bischöfe in der preußi=
schen Monarchie."

Schon anfangs des folgenden Jahres (19. Februar
1829) glaubte auch der Erzbischof auf Grund der da=
mals noch an Illusionen reichen Berichte Bunsens
an eine nahe Erledigung der Sache: „Ew. Hochw.
äußere ich verbindlichsten Dank für die vieles enthal=
tende Zuschrift vom 31. vorigen Monats und erfreue
mich, daß HochSie in der schwierigen Unterhandlung
wegen der gemischten Ehen dem gewünschten Ziele nahe
sind, ähnliches ist mir auch von Berlin vertraulich —
ich vermute aus Ew. Hochw. Äußerungen — erwähnt
worden. Ist dieser Stein des Anstoßes gehoben, so
werden die Erz= und Bischöfe sich in ihrer amtlichen
Verwaltung erleichtert fühlen; es ist aber auch etwas
großes und wichtiges, was alsdann HochSie durchge=
führt haben, und dürfen Ew. Hochw. darüber Glück=
wünsche annehmen."

Allerdings schienen gegen Ende der Regierung
Leos XII. die Aussichten auf einen ehrlichen Austrag
der Streitfrage berechtigt*), aber der Tod des Papstes
ließ die von diesem gegebenen Versprechungen nicht zur
Durchführung kommen. Infolge davon gewähren auch
die aus den ersten Monaten der kurzen Regierung

---

*) Vgl. a. a. O. S. 87 ff.

Pius' VIII. datierenden Briefe des Erzbischofs ein leb=
haftes Spiegelbild von der Ungewißheit, in der man
allerseits hinsichtlich der Stellungnahme des neuen
Papstes verkehrte. So schreibt er zunächst am 12. Mai
1829: „Ew. Hochw. werden nun bald die Unter=
handlung wegen der gemischten Ehen fortsetzen, ich
wünsche den besten Erfolg, kann mir aber keine Ahnung
über den Ausgang erlauben, da ich die Denkart Pii VIII.
nicht kenne und die beiden Gelegenheitsreden an die
Gesandten von Österreich und von Frankreich das ein=
zige sind, was ich von ihm in bezug auf öffentliches
Leben erfahren habe; aber auch diese beiden im Kon=
klave gehaltenen Reden sind ungleichartig in dem darin
vorherrschenden Geiste — jene an Chateaubriand hat
mir wahre Freude gemacht.“

Der folgende Brief (vom 6. Juli 1829) ist er=
sichtlich abermals von Bunsens ungeschwächt fortdauern=
der Vertrauensseligkeit beeinflußt, läßt aber auch jetzt
wieder eine klarere Erkenntnis der vorhandenen Schwie=
rigkeiten durchblicken: „Dem neugewählten Papste ist
eine feste Gesundheit zu wünschen, es verlautet aber,
er sei kränklich. — Herzerfreuend ist mir die Nach=
richt in Ew. Hochw. sehr verehrlichen Zuschrift: daß
Pius VIII. die Regierungsgrundsätze seiner beiden jüng=
sten Vorgänger fortsetzen und in Anwendung bringen
wolle, somit wird auch Ew. Hochw. schwierige Re=

gotiation in den Ehesachen gemischter Eheleute einen
erwünschten Ausgang haben. — Dazu denn meine leb=
haftesten Glückwünsche."

Schon am 18. August 1829 folgt aber wieder
eine Anfrage, die nochmals bei aller Vorsicht des Aus=
drucks auf die Schwierigkeit einer Einigung zwischen
Staat und Kurie hinweist: „Darf ich fragen, wiefern
nun die Angelegenheit der gemischten Ehen vorgerückt
ist? Ich kenne des Herrn Staatssekretär Albani An=
sichten nicht, aber in dem ersten Schreiben des Papstes
an die Patriarchen, Erzbischöse, Bischöfe u. s. w. ist
hoher Ernst und Strenge — daher fand nicht sowohl
das Jubiläum als die literae encyclicae Anstand in
Frankreich. Wie man in Berlin den Inhalt ansieht
und ob das dem Königsjubiläum schnell folgende Ju=
biläum auch zur Bekanntmachung kommt, darüber weiß
ich nichts."

Der Brief vom 14. Oktober 1829 kann von der
päpstlichen Antwort auf das Gratulationsschreiben des
Erzbischofs sagen, daß sie „auch in Beziehung auf die
gemischten Ehen günstig" laute. Infolge davon sehen
wir denn auch ihn um so sehnlicher auf den baldigen
Entscheid hoffen. So schreibt er schon unter dem
3. Januar 1830: „Ihre Zuschrift vom 30. Oktober
hat mich in Berlin angetroffen. Daselbst habe ich bis
zum 9. Dezember auf die frohe Benachrichtigung ge=

wartet, die Angelegenheit der gemischten Ehen sei dem Wunsche unseres Monarchen gemäß ausgesprochen. Die Erfüllung dieser Hoffnung scheint dem neu eingetretenen Jahre vorbehalten zu sein; dann wollen wir es um so willkommener heißen, und ich wünsche Ihnen aus war= mer Zuneigung die Erfüllung Ihrer sämtlichen Wünsche ebenso aufrichtig, als ich um Fortdauer Ihrer freund= schaftlichen Gesinnungen für mich angelegentlichst ersuche."

Über eine nicht lange nachher erhaltene Mitteilung Bunsens von dem ihm günstig erscheinenden Fortgang der Verhandlungen dankt der Erzbischof am 15. Februar 1830: „Hocherfreut bin ich, daß Ihnen die so vielfach schwierige Unterhandlung über die gemischten Ehen ge= lungen und nur noch die Art der Ausführung zu er= wägen und päpstlicherseits zur Nachachtung der Bi= schöfe festzusetzen ist; manche an üblen Folgen nur zu ergiebige Reibung wird dann beseitigt und die Frage von einem neuen Ehegesetze in unserer so verschieden= artig zusammengesetzten Monarchie wird gottlob! obso= let werden. Sobald Mitteilung über den hochwichtigen Gegenstand geschehen darf, so bitte ich, mich von dem Inhalte Ihrer Triumph=Negotiation vertraulich in Kennt= nis zu setzen; vielleicht erfordert ohnehin die Ausfüh= rung einen ähnlichen Geschäftsgang wie bei der neuen Fastenordnung, und dann würde meinerseits einige Vor= bereitung gut sein."

Schon anfangs März 1830 glaubt Spiegel, auf Grund von Bunsens Nachrichten, die Verhandlung völlig beendet; am 6. März antwortet er ihm näm= lich: „Ich fühle mich Ihnen hoch verpflichtet für die ebenso vertrauensvolle als inhaltreiche Zuschrift vom 1. März. Hocherfreut war ich über das von Ihnen zur Vollendung gebrachte große Unternehmen. Die Zahl der zu überwindenden Schwierigkeiten war groß und die Ausführung erforderte Zartheit und Energie. In lebhafter Anerkennung, was Sie in Rom Großes bewirkt haben und zur augenfälligen Darstellung, wie die Gesinnungen Roms gegen Preußen sich zum Bef= sern gestaltet haben, lege ich eine Abschrift von der Rede Clemens' XI., gehalten im Kardinals=Konsistorio vom 18. April 1701 (gegen die Erhebung des Kurfürsten von Brandenburg zum König) hier an; sie ist genom= men aus der in Rom 1730 erschienenen Collectio operum Clementis XI."

Am 25. März 1830 ist dann das Breve Pius' VIII., in welchem sich die klug berechnete Ursache aller spätern Streitigkeiten zu erkennen gibt*), erlassen. Es wurde von einer Instruktion des Staatssekretärs Albani be= gleitet, welche (ähnlich wie die Instruktionen Jakobinis zu den Erlassen Leos XIII.) die absichtliche Vieldeutig=

---

*) A. a. O. S. 89.

keit und Unklarheit noch vermehrte. Kein Wunder, daß man in Berlin eine klarere Formulierung verlangte. Aber darin liegt für das Ministerium keine Entschuldigung, daß dasselbe den Kölner Erzbischof ohne alle Nachricht ließ, wie die für ihn so wichtige Angelegenheit stehe. So sehr sich das Schweigen nach außen hin durch die Empörung des ehrlichen Königs über die ihn anekelnden Kunstgriffe des Kurialstils erklärt, so sehr tritt in der Nichtbenachrichtigung des zunächst beteiligten Erzbischofs die unwürdige Lage des damaligen Episkopats wieder drastisch zu Tage. Hören wir nur, was der Erzbischof am 15. Juli 1830 berichtet: „Ew. Hochw. wollen es meiner regen Teilnahme an der wichtigen Angelegenheit der gemischten Ehen zuschreiben, daß ich — da in Berlin fortwährend tiefes Stillschweigen über das eingegangene päpstliche Breve und die Instruktion von Kardinal Albani herrscht — mich endlich bei Ew. Hochw. unmittelbar erkundige, was für eine Bewandnis es mit dem Stillstande in der Sache habe. — Allerdings steht die Aufhebung der Zivilehe mit der Ausführung des päpstlichen Breve in Verbindung, aber auch in Beziehung auf Änderung mit der bürgerlichen Ehe wird man keine Vorbereitung gewahr — kurz, ich begreife den gegenwärtigen Stand der Dinge nicht und erlaube mir die Bitte um vertrauliche Winke."

Noch am 12. August 1830 dauert die gleiche un=
erträgliche Situation fort: „Über den Verhandlungen
wegen der gemischten Ehen liegt noch ein dichter
Schleier, nur zufällig erfahre ich vor einigen Tagen
aus Berlin, daß es mehrere Monate Zeit erfordert
habe, ehe die beiden hohen Ministerien, nämlich das
der auswärtigen und das der geistlichen Angelegenheiten,
sich über den dem Könige zu machenden Bericht hätten
einigen können. Inwiefern nun der Text des päpst=
lichen Breve oder die Art der Ausführung die Ver=
schiedenheit der Ansichten erzeugt haben, habe ich nicht
erfahren, auch nicht die Einigung über die Ange=
legenheit.“

Ja, noch über ein Jahr später (am 30. Oktober
1831) weiß der Erzbischof noch weiter nichts, als daß
die in Betracht kommenden Ministerien Gutachten ein=
gereicht haben: „Die Angelegenheit der gemischten Ehen
scheint in Berlin nicht im Betrieb zu sein, mir ist
aufs wenigste nichts darüber bekannt geworden, seitdem
die hohen Ministerien der auswärtigen und der geist=
lichen Angelegenheiten über das päpstliche Breve und
die Instruktionen vom damaligen Kardinal Staats=
sekretär Albani einen Bericht respektive ein Gutachten
dem Könige eingereicht haben.“

Erst im September 1832, nachdem der Regie=
rungsantritt Gregors XVI. (des Verfassers des folgen=

schweren Breves) die Kriegslust der Kurie bedeutend
verschärft hatte, und alle in Rom neu angeknüpften
Verhandlungen erfolglos geblieben waren, wurden die
preußischen Bischöfe selbst in Berlin zur Beratung
herangezogen. Aber schon die an sie gerichteten Fragen
wurden nun von dem Vertreter des Staates derartig
formuliert, daß jede friedliche Lösung von vornherein
ausgeschlossen bleiben mußte, und als dessenungeachtet
Erzbischof Spiegel ein diese Lösung darbietendes Gut=
achten einsandte, hat Herr Schmedding dasselbe ganz
einfach unterschlagen.

Es ist hier der Ort, um den einen wie den an=
dern Punkt durch die eignen Ausdrücke der Akten=
stücke selbst zu belegen. Die Fragen, welche Geheim=
rat Schmedding den Bischöfen vorlegte, lauteten da=
hin: „ob sie sich an den buchstäblichen Inhalt der
päpstlichen Konzessionen binden oder aus eigner Macht
einen Schritt weiter gehen, insonderheit die harten Ver=
mahnungen der Bräute, welche der Gewährung der
assistentia passiva vorangehen sollten, meiden oder
mildern wollten; ob sie, wo nicht auf der Stelle, doch
innerhalb bestimmter nicht gar zu langer Frist die
kirchliche Trauung auch für den Fall gewähren woll=
ten, wo keine Übereinkunft der Verlobten, daß alle
Kinder in der katholischen Religion erzogen werden
sollten, vorliege; ob durch die unbedingte Annahme der

von Rom angebotenen Bewilligungen die Freiheit der Bischöfe am Rhein und in Westfalen für ewige Zeiten gleichsam in engere Schranken eingeschlossen würde?"

Weder die andern Bischöfe noch auch der Erzbischof selbst vermochten natürlich derartige Fragen befriedigend zu beantworten. Um so sachgemäßer aber war die Lösung des Konflikts, welche das Gutachten des (von Spiegel bereits in einem frühern Briefe an Bunsen mit Recht gerühmten) Domkapitulars München, vom 17. Oktober 1832, enthielt. Mit der genauesten Kenntnis des Kurialstils wurde hier aus dem Zweck des Breves selber erwiesen, daß alles nicht in demselben Verbotene für erlaubt gelten müsse und alles nicht ausdrücklich Vorgeschriebene unterlassen werden könne. Aus diesem allgemeinen hermeneutischen Grundsatze aber folgt als spezielles Ergebnis, daß nur in dem Falle, wenn alle Kinder akatholisch erzogen würden und eine sträfliche Gleichgültigkeit gegen die Religion gezeigt würde, die Trauung unbedingt versagt werden müsse. Wer den Text des Gutachtens aufmerksam verfolgt, wird die darin gegebene Auslegung des Breves als eine zweifellos berechtigte anerkennen müssen. Wäre es anders gewesen, so würde München schwerlich bis zu seinem (erst mehrere Jahre nach dem Vatikankonzil am 29. Januar 1881 erfolgten) Tode [er war am 19. Oktober 1794 geboren] unter allen

Veränderungen der Lage, welche die Droste, Geissel und Melchers bewirkten, an der Spitze des Kölner Kapitels geduldet worden sein.

Die „gutachtlichen Bemerkungen" des wie Wenige mit dem kanonischen Recht vertrauten juristischen Ratgebers des Erzbischofs Spiegel gehen zunächst davon aus, daß der heilige Vater das äußerste zugestanden habe, was überhaupt zugestanden werden könne; daß aber, um dies zu eruieren, der Inhalt des Breves mit der kanonischen Rechtsgrundlage einer-, mit den bisher in der Sache geschehenen Anforderungen und geäußerten Erwartungen andrerseits zusammengehalten werden müsse; nur so könne erkannt werden, was darin nachgegeben und welcher Spielraum durch dasselbe gestattet werde. Alle diese verschiedenen Fragen werden sodann in fünf Hauptabschnitten, die wieder in eine mehrfache Reihe einzelner Unterabteilungen zerfallen, beantwortet. In oberster Reihe werden die allgemeinen Gründe gegen gemischte Ehen, an zweiter Stelle die mannigfachen Abstufungen der Kirchenzucht, welche denselben vorbeugen sollen, vorgeführt. Dann folgt im dritten Teile der Nachweis, was der heilige Vater bei dieser allgemeinen Sachlage zugestanden habe. „Zugeständnisse muß ja sein Breve enthalten; denn die Bereitwilligkeit, vieles und das mögliche nachzugeben, kündigt er schon in der Einleitung an. Es giebt das einen bedeutungsvollen

Fingerzeig zum richtigen Verständnisse des folgenden Inhalts, wenn man das Gesuch der Bischöfe selbst im Auge behält. Dieses ging nämlich dahin, daß der heilige Vater aus seiner Machtvollkommenheit die obwaltenden Bedenken und Hindernisse bei Befolgung des königlichen Gesetzes beseitigen möge, daß er insbesondere in dieser Sache eine gleiche Disziplin in Rheinland und Westphalen, wie in den übrigen Provinzen der preußischen Monarchie gelte, möge eintreten lassen." Darauf enthalte also das Breve die autoritative Antwort.

Man muß gerade diesen Teil in seinem Wortlaute vergleichen, um die scharfe juristische Logik des gelehrten Kanonisten nach Gebühr würdigen zu lernen. Eine solche wörtliche Anführung ist an dieser Stelle nicht möglich, jedoch auch nicht in der Weise erforderlich, wie bei den noch unveröffentlichten Briefen des Erzbischofs selbst, da das Münchensche Gutachten gerade in diesem wichtigsten Abschnitte bereits (in den Preußischen Jahrbüchern vom April 1869) zum Abdruck gebracht wurde. Hier muß uns daher die letzte (11.) These genügen, daß das Kirchengebot als solches zwar nicht aufgehoben, statt dessen aber eine generelle Dispensation erfolgt sei — also gerade das, was die Bischöfe erbeten hatten.

Der vierte Teil des Gutachtens behandelt ferner

noch das Verhältnis der um zwei Tage jüngern Al=
banischen Instruktion zu dem Breve selbst in ähnlicher
Weise, und der fünfte Teil widerlegt die bei der Staats=
behörde vorhandenen Bedenken gegen die Veröffent=
lichung des Breves. Nirgends ist der strengste katho=
lische Standpunkt verleugnet, im Gegenteil zum Schlusse
noch nachdrücklich auf das „gegenwärtige Mißtrauen der
Katholiken in bezug auf vermutete Zurücksetzung in
öffentlichen Ämtern und in der Armee und besonders
auf den Zwang des katholischen Militärs zum evan=
gelischen Gottesdienst" hingewiesen und die Forderung
gestellt: „Soll die Erreichung des Zieles beschleunigt
werden, so sind derartige Anstöße sorgfältig zu meiden,
vielmehr ist auf Beruhigung und Gewinnung der Ge=
müter Bedacht zu nehmen."

Trotz allem, was Herr Schmedding schon bisher
dem Erzbischof in den Weg gelegt hatte, erscheint es
in der That unbegreiflich, daß jener sich hat heraus=
nehmen dürfen, ein Gutachten, welches die im höchsten
Interesse des Staates und des Religionsfriedens überhaupt liegende Lösung völlig in die Hand gab, einfach
zu ignorieren. Er hat aber nicht nur noch über ein
Jahr (bis zum 12. Dezember 1833) mit seinem
Schlußberichte gewartet, sondern ist darin über die
Vorschläge Münchens einfach zur Tagesordnung über=
gegangen. Zu der Erlangung des Breves Pius' VIII.

hatte er Bunsen in derselben überschwenglichen katzen=
freundlichen Weise, die auch seine übrigen Briefe kenn=
zeichnet, beglückwünscht (vergl. seinen Brief vom 30. März
1830, in Bunsens Leben I S. 372/3). Wenn er
nichtsdestoweniger die Beendigung der Konfliktsanlässe
nach wie vor hintertrieb, so wurde dadurch schon Bun=
sen selbst vor die Frage gestellt, welches die Motive
seiner Handlungsweise gewesen seien (vergl. dessen Auf=
zeichnungen aus dem Jahre 1840, in Bunsens Leben
I S. 417/8). Bunsen konstatiert in der Beantwortung
dieser Frage zunächst auch seinerseits den persönlichen
Haß Schmeddings gegen den Erzbischof; aber dieser
subjektive Grund scheint ihm doch zur Erklärung sei=
nes ganzen Verfahrens nicht auszureichen, und so stellt
er sich die weiteren Fragen, ob er mit dem Breve
denn doch nicht zufrieden gewesen sei, oder ob er viel=
leicht dem Gesandten auf dem Wege von Rom nach
Berlin, auf dem er ihn immer zu sehen glaubte, Schwie=
rigkeiten habe bereiten wollen. Immerhin dürften selbst
diese Motive noch zu subjektiver Natur sein. Um so
zutreffender erscheint dagegen eine spätere Wendung,
die von dem „Pfaffenkatholizismus" Schmeddings redet.
Ist es doch einfach das Papalsystem als solches, in
dessen Diensten auch er stand, und dem zu Liebe er
nichts dulden durfte, was eine wirkliche Gleichberech=
tigung der Konfessionen und damit einen gesicherten

6*

Religionsfrieden ermöglicht hätte! Auf dem Boden der Jesuitenmoral hat er ad majorem Dei gloriam so handeln müssen, wie er es that. Wäre er Vertreter des Papsttums in dessen nimmer ruhendem Kampfe gegen die moderne Staatsordnung gewesen, so wäre sein Verfahren ein völlig korrektes gewesen. Wenn statt dessen sein Amt ihm zur Pflicht machte, die Rechte des Staates gegenüber den Kirchen zu wahren, so trifft die nächste Verantwortlichkeit für seine Verfahrungsweise diejenigen, welche den Bock zum Gärtner gesetzt haben. Aber muß man nicht daneben den Scharfsinn der Je= suiten bewundern, die ein ihnen so dienstbereites Werk= zeug gerade an eine Stelle zu bringen wußten, die es ihm wie keinem andern ermöglichte, alle vaterländischen friebliebenden Regungen im Episkopat gewaltsam zu hemmen?

Der weitere Verlauf der Dinge ist aus den Pa= pieren Bunsens (vgl. „Die verschiedenen Stadien des so= genannten preußischen Kirchenstreites", Preußische Jahr= bücher 1869 März, April, Mai) quellenmäßig darge= stellt worden. Da die Streitigkeiten sich nämlich infolge der Verschleppung der Angelegenheit immer noch mehr= ten, wurde Bunsen abermals von Rom aus zu Hilfe gerufen. Er war es, der nunmehr auf das Münchensche Gutachten zurückging und auf der Grundlage desselben eine Konferenz mit dem Erzbischof anriet. Nochmals ver=

fuchte Schmedding einen befriedigenden Austrag der
Sache zu hemmen, indem auf feinen Antrieb der Kul=
tusminifter die Bedingung ftellte, daß das Ergebnis
diefer Konferenz ohne Tragweite für die übrigen Bi=
fchöfe bleiben müffe. Nur durch eine eigne Kabinetts=
ordre des Königs ließ fich auch diefe letzte Schwierig=
keit aus dem Wege räumen. Und die Verhandlungen
zwifchen Spiegel und Bunfen beruhten zu fehr auf er=
probtem gegenfeitigen Vertrauen, um nicht, kaum be=
gonnen, auch zum guten Ziele zu führen. Am 30. Juni
1834 erfolgte die Genehmigung der zwifchen Beiden
verabredeten Punkte durch den König perfönlich.

Wie die der Konvention vorhergegangenen Denk=
fchriften Bunfens, fo find auch die auf diefelbe bezüg=
lichen Briefe des Erzbifchofs Spiegel bereits früher
zum Abdruck gekommen (in Bunfens Leben I S. 422
—432). Wir befchränken uns daher hier auf dieje=
nigen Ausführungen, welche das nun weiter erforder=
liche Vorgehen hinfichtlich der Einigung mit den Suffra=
ganbifchöfen und der Mitteilung an den Papft betreffen.
Bei aller Herzensfreude über das den Frieden der Zu=
kunft verbürgende und doch keinem wirklichen Recht
feiner Kirche zu nahe tretende Ergebnis wünfcht der
Erzbifchof doch von den Befprechungen mit den andern
Bifchöfen (unter welchen der damalige Bifchof von
Münfter, der Bruder des frühern Weihbifchofs Drofte,

mit dem Grafen Spiegel von früher her ebenso wie sein Bruder verfeindet war) dispensiert zu werden. Denn „das Unternehmen, die Suffraganbischöfe in der schwierigen Angelegenheit zu bestimmen, erscheint für mich um so mißlicher, als diese Herren, obzwar durch abschriftliche Mitteilung des päpstlichen Breve im Oktober 1832 durch den Geheimen Ober-Regierungs-Rat Schmedding mit dem Texte bekannt, dennoch die in dem Breve von seiten des Papstes in der That zugestandenen wesentlichen Erleichterungen, die von der frühern strengern Kirchendisziplin abweichende und mildernde Nachsicht bisher nicht aufgefunden haben, ich auch dabei fremden, mein Bemühen hemmenden Einfluß, als noch vor meinem Eintreffen eingetreten, befürchte." Dessenungeachtet erklärte er sich, falls es der Wunsch des Königs sei, auch zu diesen weiteren Verhandlungen bereit, falls die Bischöfe vorher durch Kabinetsordre über den ihm gewordenen Auftrag benachrichtigt würden. Dagegen ist es niemals von ihm beabsichtigt gewesen, die abgeschlossene Konvention (wie nachmals behauptet wurde) der Kurie vorzuenthalten, vielmehr wird die Mitteilung an den Papst ausdrücklich als der letzte, das ganze Werk krönende Akt bezeichnet: „Den Erfolg meiner Unterhandlung in der für Frieden und Eintracht so vieler Menschen einflußreichen, die Beruhigung der Gemüter in den wesentlichsten

Lebensverhältnissen bezweckenden Angelegenheit muß ich
mir von dem allgütigen Gott, der die Gesinnungen
der Menschen gleich den Wasserbächen leitet, demutsvoll
zu erbitten streben. Würden aber auch, meinem Ver=
hoffen entgegen, die sämtlichen Suffraganbischöfe den
Beitritt zu meiner Ansicht und Förderung zum päpst=
lichen Breve ablehnen, so würde zwar dieser Abfall
mich tief schmerzen, aber nicht abhalten, in der Erz=
diözese zur Ausführung zu bringen, was ich bei den
mit Ihnen gepflogenen ernsten Beratungen über den
Inhalt des päpstlichen Breve für richtig und wahr,
auch als Wille des heiligen Vaters erkannt, sowie für
Kirche und Staat ersprießlich gefunden habe, dann
auch späterhin keinen Anstand nehmen, mit des Königs
Majestät allerhöchster Erlaubnis, auf dem vorgeschrie=
benen Wege dem heiligen Vater mein Benehmen in
kindlicher Ehrfurcht anzuzeigen."

Aus der weitern Korrespondenz zwischen Spiegel
und Bunsen geht aber fernerhin auch mit voller Be=
stimmtheit hervor, daß sämtliche Suffraganbischöfe der
auf dem Münchenschen Gutachten beruhenden Konven=
tion (nachdem dieselbe inzwischen die Genehmigung des
Königs erhalten, und dieser den Erzbischof ausdrücklich
mit den weiteren Verhandlungen betraut hatte) durch=
aus zugestimmt haben. In dem ersten Briefe des Erz=
bischofs, welcher über die Besprechungen mit den Bi=

schöfen von Paberborn und Münster berichtet, ist zu=
gleich ein äußerlich nebensächlicher Umstand für die
gesamte Auffassungsweise, von welcher aus derselbe die
Angelegenheit in die Hand nahm, äußerst bezeichnend.
Indem er nämlich die verspätete Ankunft des ihm von
Bunsen zugesandten Exemplars der vom Könige ge=
nehmigten Konvention beklagt, fügt er hinzu: „Diese
Verspätung dürfte nicht eingetreten sein, wenn Sie das
Paketchen als Dienstsache zu bezeichnen und mit dem
Gesandtschaftssiegel zu versehen die Gefälligkeit gehabt
hätten, sowie denn unsere Angelegenheit allerdings eine
öffentliche, die Kirche und den Staat betreffende Ver=
handlung ist." So wenig ist an eine geheim zu hal=
tende Konvention von deren eignem Urheber gedacht
worden. Bei den vielfachen Umdeutungen und bewuß=
ten Fälschungen, denen die Geschichte der Konvention
ausgesetzt gewesen ist, haben auch derartige Kleinigkeiten
eine moralische Bedeutung.

Aus dem gleichen Grunde verlangen die Mitteilun=
gen des Erzbischofs über die Stellung der übrigen Bi=
schöfe zu der gemeinsamen Konvention volle Beachtung.
Mit bezug auf die Bischöfe von Paderborn und Mün=
ster kann er schon am 17. Juli 1834 berichten: „Nach
zweitägigem Aufenthalte hatte ich die Beistimmung des
gutdenkenden Herrn Bischofs von Ledebuhr in Paber=
born schriftlich auf meinem Tische liegen und setzte am

folgenden Tage die Reise nach Münster fort. Am fol=
genden Tage nach meiner Ankunft in Münster begann
ich in vollem Vertrauen auf Gottes gnädigen Beistand
die Verhandlung mit dem frommen seeleneifrigen Herrn
Bischof von Droste=Vischering. Fand ich nun auch
Hochdenselben noch nicht durch mein ausführliches Schrei=
ben aus Berlin zur gemeinschaftlichen Überzeugung her=
beigezogen, so war der Herr Bischof zu Münster doch
ganz geneigt zum Beraten und Erörtern; und drei
mühe= und arbeitsvolle Tage haben mich hier zum
Ziele geführt. Ich habe des hochwürdigen Herrn Bi=
schofs von Droste schriftliche Zustimmung mit hierher
gebracht.''

Am meisten bestritten worden ist nachmals die Stel=
lung des Trierer Bischofs Joseph von Hommer. Gerade
hinsichtlich dieser aber haben die im Bunsenschen Nach=
laß vorhandenen Aktenstücke jeden Zweifel benommen.*)

---

*) Erinnert werden mag auch an eine im Frühjahr 1833
von Hommer erlassene Vorschrift an die Geistlichen seines
Aufsichtskreises über die Beerdigung Evangelischer auf katho=
lischen Friedhöfen, worin es heißt:

„1. Wenn an dem Orte eines evangelischen Verstorbenen
ein evangelischer Kirchhof nicht vorhanden ist, so ist von sei=
ten des katholischen Pfarramtes gegen die Aufnahme der
Leiche auf dem katholischen Kirchhofe eben so wenig zu er=
innern, als gegen die Beisetzung derselben, welche nach Orts=
gewohnheit vorgenommen werden mag.

Bereits der gleiche Brief vom 17. Juli fährt unmit=
telbar fort: „Jetzt ist die Reihe an dem Herrn Bischof

„2. Befindet sich am Orte des Verstorbenen ein evan=
gelischer Pfarrer, oder sind die evangelischen Einwohner des
Orts zu einer benachbarten Kirche ihres Bekenntnisses ein=
gepfarrt, so versteht es sich von selbst, daß diesen die Ver=
richtung des Begräbnisses, sowohl was die Führung des
Leichenzuges als die Beisetzung der Leiche betrifft, ausschließ=
lich gebührt. Tritt aber ein solcher Fall nicht ein, und suchen
die Angehörigen eines evangelischen Verstorbenen die Er=
laubnis nach, einen evangelischen Prediger zur Verrichtung
eines Begräbnisses auf dem katholischen Kirchhof herbeizu=
holen, so kann diese Erlaubnis unbedenklich erteilt werden,
und ist, wenn nicht ganz besondere Verhältnisse dagegen ob=
walten, einem solchem Gesuche zu willfahren. Die friedliche
Eintracht der verschiedenen Glaubensgenossen an einem und
demselben Orte, sowie der gegenseitige Wunsch von Katho=
liken in ähnlichen Fällen werden jedem Pfarrer unserer
Diözese ein genügender Beweggrund sein, den Gesinnungen
der christlichen Liebe vor den Grundsätzen hergebrachter
Rechte zu huldigen.

„3. Wird die vorerwähnte Erlaubnis nicht nachgesucht
oder aus zureichenden Gründen verweigert, so begleitet wie
bisher so auch künftighin der katholische Pfarrer die Leiche
zum Grabe. In dem liebevollen, christlichen Benehmen bei
der letzten Ehrenbezeugung gegen einen Verstorbenen eines
andern christlichen Bekenntnisses soll er den Mitgliedern
seiner Gemeinde nicht nachstehen. Kinder evangelischer El=
tern, welche vor erhaltenem Konfirmations=Unterrichte ster=
ben, können wie Kinder katholischer Eltern begraben werden.

von Hommer zu Trier; diesen würdigen Mann und meinen Freund muß ich nun durch den Domkapitular

Bei der Beerdigung von Erwachsenen nimmt der Pfarrer im Talar und Barett oder in schwarzem Rock und Mantel seine gewöhnliche Stelle im Leichenzug ein, überläßt es der Begleitung, in der Stille zu beten und beschließt die Hand= lung damit, daß er am Grabe ein allgemeines Gebet für alle Abgestorbenen und zu dessen Ende ein Vater=Unser betet. Gegen die Gewährung des Grabgeläutes, sowie gegen die Teilnahme der Schuljugend, wo diese Sitte ist und ohne Verletzung der bestehenden Schulordnung geschehen kann, finden wir als einen löblichen Gebrauch nichts zu erinnern." Unter dem 28. Juni 1833 teilte das Königliche Kon= sistorium zu Koblenz die vorstehende Verordnung der evan= gelischen Geistlichkeit seines Bezirkes mit: in der zuversicht= lichen Erwartung, daß sie ihrerseits hinter dem, was der bischöfliche Erlaß vorschreibe, nicht zurückbleibe, sondern überall in demselben Geiste echtchristlicher Toleranz, der sich in dem Erlasse so ehrenwert ausspreche, einem Geiste, wel= cher höher stehe, als daß der Buchstabe einer Vorschrift ihn erreichen könne, gegen die verstorbenen Mitbrüder des katho= lischen Glauben und deren Hinterbliebene verfahren werde. Da es der evangelischen Kirche wohl anstehe, ja zu ihrem Berufe gehöre, in allen rühmlichen Dingen voranzugehen, so erwarte das Königliche Konsistorium, daß auch die evan= gelischen Pfarrer in den Teilen der Rheinprovinz, in wel= chen für die katholischen Pfarrer noch nicht ähnliche Erlasse, wie der des Bischofs von Trier, von ihren geistlichen Ober= behörden ausgegangen seien, dennoch ein gleiches Verfahren beobachten würden.

München in das Bad zu Bertrich beschicken, um so=
wohl die noch übrigen Anstände bei ihm zu beseitigen,
als auch die Tagefahrt zu seiner Zusammenkunft mit
mir in Koblenz zu bestimmen, und dürfte wohl das
Eintreffen zwischen dem 28. Juli und dem 1. August
erfolgen."

Ein kürzerer Brief vom 26. Juli meldet, daß die
Koblenzer Zusammenkunft mit Hommer auf den 29. die=
ses Monats festgestellt sei. Unterwegs in Bonn ist
Bunsen selbst mit dem Erzbischof zusammengetroffen
und konnte demzufolge in seinem Bericht an den Kö=
nig vom 4. August über die zwei Tage vorher statt=
gefundene Unterzeichnung der Konvention durch Hom=
mer aus persönlicher Kenntnis berichten: „In dieser
Unterzeichnung bat sich der ehrwürdige Greis aus, die
Formel nach seiner Art kürzer fassen zu dürfen, wo=
gegen wir natürlich nichts einzuwenden hatten, da seine
Fassung ebenso unbedingt wie befriedigend ist. Hin=
sichtlich des für ihn bestimmten Entwurfs des Pasto=
ralschreibens äußerte er den Wunsch, in der Stelle,
wo von dem sorgfältigen Religionsunterricht des Volkes
die Rede ist, ausdrücklich sich auf seine früher deshalb
den Pfarrern ausgesprochene Anweisung zu berufen,
was natürlich unbedenklich gefunden wurde."

Übrigens geben noch die letzten Briefe Spiegels an
Bunsen, die wir überhaupt besitzen, wichtige Fingerzeige

darüber, weshalb die Jesuitenpartei, welcher, wie Spie=
gels gesamtes Wirken, so auch die von ihm abge=
schlossene Konvention ein Greuel war, gerade in Trier
einsetzte, um diese den innern Frieden verbürgende
Konvention durch den Reueakt eines Sterbenden zu
diskreditieren. Es ist ja bekannt genug, wie ein dem
sterbenden Bischof von Hommer untergeschobener Brief
dessen Gewissensbeschwerden über die — die Rechte der
Kirche verratende — Konvention dem Papste aussprach,
und wie die weiteren Operationen der Jesuitenpartei
in diesem Briefe ihren Ausgangspunkt hatten. Nun
stehen aber nicht nur die zahlreichen eigenhändigen
Briefe Hommers an Bunsen, (welche noch der Ver=
öffentlichung harren) mit jenem (nicht einmal von ihm
selber geschriebenen, sondern nur unterzeichneten) Briefe
in einem Gegensatz, der kaum schärfer sein kann, sind
überhaupt sämtlich in demselben freundschaftlichen und
vertrauenden Tone gehalten, wie diejenigen Spiegels.
(Vergleiche auch den in der Kölner Zeitung vom
16. August 1883, I, in Erinnerung gebrachten Hir=
tenbrief Hommers vom 20. Januar 1831); sondern
selbst davon abgesehen, lassen schon die von Spiegel
selbst, sowie die in seinem Auftrag von München ge=
schriebenen Briefe deutlich erkennen, warum die dem
konfessionellen Frieden feindliche Partei sich Trier zu
ihrem Operationsfelde ersehen hatte. Bereits der gleiche

Brief des Erzbischofs vom 26. November 1834, der im übrigen von einer guten Aufnahme der Konvention redet, fügt hinzu, nur in Trier, wo der Bischof an der Brustwassersucht erkrankt sei, sei einiger Anstand zu besorgen. Am 6. Januar 1835 muß dann Mün= chen (gleichzeitig mit der Mitteilung, daß auch der Erzbischof selber unwohl, aber gut aufgelegt und in ungewöhnlicher Thätigkeit sei, die für andere eine über= große Anstrengung und Überhäufung sein würde) dem Gesandten berichten, der Bischof von Trier kränkele bedenklich; am vorigen Tage sei ein Brief von ihm angekommen, worin er von seinem nahen Ende mit ruhiger Ergebung spreche.

Der Mißbrauch des Sterbebettes schwerkranker Per= sonen ist nun allerdings stets eine besondere Lieblings= methode der Jesuiten gewesen. Aber das, was über die Vorgänge am Krankenbette des Trierer Bischofs in die Öffentlichkeit drang, muß doch ein besonders starkes Stück genannt werden. Es fehlte nur noch, daß Herr Schmedding auch hierbei seine Rolle gespielt hat. Gör= res erzählt nämlich, Schmedding sei gerade an dem Tage in Trier eingetroffen, an welchem der schon schwerkrank darniederliegende Bischof mit den Sterbe= sakramenten sich hatte versehen lassen. Er fand ihn noch umgeben vom Domkapitel. Als er nach zwei Stunden wiederkehrte, um ihm das Schreiben an den

Papst vorzulegen, weigerte der Bischof zuerst die Unter=
schrift und bat, man möge ihn die wenigen Tage, die
er noch zu leben habe, ruhig lassen. Er unterschrieb
aber zuletzt doch, weil ihm die Versicherung gegeben
worden war, daß alles nur eine Formalität sei und
nachdem er die Zuschriften der übrigen Bischöfe gesehen
hatte. — Gleichzeitig damit schürten dann noch
konvertierte Fanatiker durch allerlei geheime Denun=
ziationen den Haß gegen die preußische Regierung
in Rom. So wird dies dem frühern Koblenzer Gym=
nasialdirektor Christian Schlosser ausdrücklich nachge=
rühmt.

Übrigens hat schon der gleiche Bericht Bunsens an
den König, dem wir die Mitteilung über Hommers
Unterzeichnung der Konvention entnehmen, derartige
Wühlereien vorhergesehen. Zwar spricht derselbe aus=
drücklich, wie dem Erzbischof und seinem „überaus
scharfsinnigen und thätigen Gehilfen", so auch allen an=
dern Bischöfen die größte „Willigkeit" zu, „sich für die
zugesagten Begünstigungen, ohne welche der Plan durch=
aus gescheitert sein würde, dankbar zu beweisen und
den Frieden zwischen Kirche und Staat dauernd zu be=
gründen." Dessenungeachtet aber werden weder von
Bunsen noch von den Bischöfen selber die Schwierig=
keiten verkannt, die von der Eifererpartei und ihren
geheimen Denunzianten auch in Zukunft und bis zur

endgültigen Regelung der ganzen Frage erwartet wer=
den konnten.

Ausdrücklich wird in dem für den König selbst be=
stimmten Berichte hervorgehoben: „Dabei haben sich
nun alle vier Bischöfe keineswegs verhehlt, daß mit
dem Augenblick der Ausführung für sie sämtlich eine
sehr schwere Zeit beginnen wird; der Bischof von Trier
und der von Münster sind namentlich überzeugt, daß
sie unter ihren Pfarrern hier und da Widerstand fin=
den, ja daß Eiferer sie heimlich in Rom, öffentlich in
den Zeitschriften denunzieren und verklagen möchten.
Sie sind aber entschlossen, sich dadurch nicht irre machen
zu lassen."

Um jedoch alle Gefahren für die Zukunft aus dem
Wege zu räumen, ist damals, nachdem die Vereinbarung
mit den Bischöfen zu stande gebracht war, nur noch
ein Punkt zu ordnen gewesen, nämlich die unverzüg=
liche Erteilung des Placet für das so lange zurückge=
haltene Breve. Bunsens Bericht schloß denn auch mit
dem darauf gerichteten Antrage, dem außerdem noch
der weitere Punkt beigefügt war, daß gleichzeitig nach
dem § 11 der Übereinkunft mit den Bischöfen die kö=
niglichen Regierungen anzuweisen seien, auch die evan=
gelischen Behörden zur Mäßigung und Ruhe anzuhal=
ten. Beide Anträge wurden auch durch eine noch
im gleichen Monat erscheinende Kabinettsordre (vom

20. August 1834) bewilligt und das Kultusministe=
rium mit der unverzüglichen Ausführung beauftragt.
Sollte es nach alledem noch als möglich erscheinen,
daß dieser Befehl des Königs selber unausgeführt blieb?
Wer es für unmöglich hält, ist mit der Berliner „Ge=
heimratswirtschaft", über deren „Friktionen" sich doch
Fürst Bismarck wiederholt in stärkster Weise öffentlich
beklagt hat, wenig bekannt. Die von Herrn Schmed=
bing schon früher beliebte Haltung wenigstens ist auch
jetzt nicht nur keine andere geworden, sondern sie wurde
jetzt geradezu landesverräterisch. Die von dem Könige
persönlich vorgeschriebene und zur unverzüglichen Aus=
fertigung dem Ministerium zugewiesene Placetierung
der päpstlichen Bulle wurde einfach wieder auf die lange
Bank geschoben, und sowohl der Erzbischof wie der Ge=
sandte konnten auf die für beide Teile gleich nötige
Mitteilung umsonst warten. Wie dies auf die Stellung
des Gesandten bei der Kurie wirkte, berichtet Frau von
Bunsen in der Biographie ihres Gemahls: „Die schließ=
liche Zustimmung des Königs zur Konvention wurde
vergebens erwartet; das Breve blieb Monate lang ohne
das königliche Placet; keine Antwort, weder eine gün=
stige noch eine ungünstige kam zurück; tödliches Still=
schweigen fuhr fort in Berlin zu herrschen." Schlim=
mer noch aber wurde die Lage des Erzbischofs, der
für den Frieden zwischen Kirche und Staat keine An=

strengung gescheut hatte und zum Danke darüber von
einem im Hinterhalt versteckten subalternen Beamten
mit Füßen getreten wurde.

Führen wir von den zahlreichen Briefen aus Spie=
gels letztem Lebensjahre, welche die gleichen Klagen wie
die früheren noch in verstärktem Grade erheben muß=
ten, wenigstens noch einen, welcher zugleich die damals
auch bei der Kurie selbst noch vorherrschende An=
schauung über die Lage der Kirche in Preußen be=
leuchtet, (vom 4. Oktober 1834) im Wortlaute
an:*) „Ew. Hochw. bin ich noch wieder angenehm
dankverpflichtet. Sie haben mir große Lebensfreude
gemacht, ich erhielt vor wenigen Tagen die so inhalt=
reiche wie freundliche Zuschrift vom 16. vorigen Mo=
nats. Sie haben die Ausführungssache des päpstlichen
Breve vom März 1830 mit unübertreffbarer Gewandt=
heit beim Papste eingeleitet und eben dadurch auf den
definitiven Ausgang der schwierigen Angelegenheit we=
sentlich eingewirkt. Aufs wärmste dankt dafür dem
Herrn Ministerialresidenten Bunsen der Erzbischof von
Köln in seinem und seiner Suffraganbischöfe Namen.

---

*) Von den späteren Briefen vom 4. und 26. Novem=
ber 1834, sowie vom 24. Januar und 6. Februar 1835 ist
in Bunsen's Leben I. S. 420 ff. der Inhalt mitgeteilt; die=
selben kommen jedoch für die hier geschilderten Verhältnisse
nicht in Betracht.

Auch wird unseres Königs Majestät erfreut sein
über Ew. Hochw. beharrliches erfolgreiches Wirken zum
Zweck. Der König hat meinen Bericht über unsere
Brevensache höchst gnädig aufgenommen, auch seine volle
Zufriedenheit über mein Benehmen und zum Ergebnis
meiner Bemühungen in höchst gnädigen Ausdrücken in
einem Kabinetsschreiben vom 15. August erklärt. Eben=
so hat der verehrungswürdige Staatsminister Graf von
Lottum den Empfang der Breven mir alsbald gemel=
det und lebendige Teilnahme am Erfolg geäußert. Ganz
anders stehen oder liegen die Sachen bei Herrn Alten=
stein. Nichts ist mir von ihm unmittelbar geworden,
und erst vor zwei Tagen übermacht mir der Oberprä=
sident der Rheinprovinz das an mich gerichtete Breve
und die Instruktion vom Kardinal=Staatssekretär Al=
bani mit der Äußerung anseiten des Ministeriums der
geistlichen Angelegenheiten, daß die Bekanntmachung des
Breve gestattet werde, aber auch nur unter Vorbehalt
aller Rechte u. s. w. und ohne Nachteil für die evan=
gelische Kirche des Staats. Quid dicis ad haec,
amice! Der Oberpräsident hat die Übersendung des
Breve mit einem bogenvollen Schreiben, Kautelen und
Anforderungen begleitet, auch, daß er auf die Ausfüh=
rung des Breve zu wachen angewiesen sei, erklärt.
Nur aus diesen heterogenen Äußerungen kann ich er=
raten, was das Ministerium der geistlichen Angelegen=

7*

heiten zur Sache geäußert hat; welch ein Mißtrauen
auch jetzt noch in dieser mit dem König zum Resultat
gebrachten Angelegenheit zu meinem persönlichen Nach=
teil und Verdacht hervorrufend beim Herrn von Alten=
stein und seiner Umgebung vorwaltet; ich werde, ab=
gesehen von obigen Disparitäten, nun die Hand an
das Werk legen und unser Berliner Opus zur Aus=
führung bringen."

„Des Papstes Vertrauen auf den Erzbischof von
Köln ist durch Ew. Hochw. Unterredung mit dem
heiligen Vater vollends verstärkt und fest begründet
worden; die für den Domherrn Dr. München erwirkte
Auszeichnung giebt den augenfälligen Beweis davon;
warmen herzlichen Dank für so viel Gutes und Er=
freuliches. München schreibt selbst, wie es geziemt,
daher erwähne ich seiner und seiner Beglückung durch
den Gregororden nicht weiter. Am 28. vorigen Mo=
nats, da ich mit Ihrer wertvollen Zuschrift erfreut
wurde, hatte ich das Vergnügen, den Herrn Professor
Röstell in der Reihe meiner Tischgenossen zu besitzen;
nun konnte ich ihm die neuesten und recht erfreuliche
Nachrichten von Ihnen geben; darüber war der treu
anhänglich gebliebene Mann sehr erfreut."

„Noch immer ist die Provisionsbulle für den Se=
minarpräses Dr. Weitz nicht angekommen, oder dieselbe
wird auf arge und ärgerliche Weise in Berlin beim

Ministerium der geistlichen Angelegenheiten ignoriert.
Ich bitte Sie angelegentlich, diesem Geschäft ernste
Folge zu geben. Die Leidenschaftlichkeit des Herrn
Schmedding wider den Erzbischof von Köln und das
Erzstift Köln, ebenso die Abhängigkeit Altensteins von
diesem Manne dürfen doch nicht unbegrenzt bleiben; ich
trauere tief über den Geschäftsgang bei unserm Kul-
tusministerium. Möchte es bald Tag werden!"*)

Am 5. November 1834, bei der Mitteilung des
Hirtenbriefes vom 13. Oktober, mit welchem das viel-
besprochene Breve veröffentlicht wurde, gleichzeitig neue
Klagen über Schmedding, der Alles liegen lasse! Am
26. November 1834, zugleich mit der Benachrichtigung,
daß die Übereinkunft bisher überall gut aufgenommen
sei und sich nirgends Widerstand zeige, eine abermalige
Beschwerde über Schmedding, der in einer streng geistlichen Disziplinarsache den Oberrichter über den Erzbischof und sein Generalvikariat gespielt hatte!

Es sind diese unaufhörlichen Hemmnisse in Berlin
selber gewesen, welche es dem Erzbischof unmöglich
machten, die von ihm beabsichtigte eingehende Mitteilung

---

*) Wie sehr nachmals das gerade Gegenteil eintrat,
beweist der einfache Umstand, daß der erste Direktor der
nach dem Regierungsantritt König Friedrich Wilhelms IV.
eingerichteten katholischen Abteilung im preußischen Kultus-
Ministerium — — Herr Schmedding war.

an die Kurie über das von ihm hinsichtlich der Aus=
führung des Breve über die gemischten Ehen einge=
schlagene Verfahren zu machen. Denn er selber hat
fest darauf gebaut, in Rom selber Billigung seines
Verfahrens zu finden. Über die Gründe dieser zuver=
lässigen Erwartung hat übrigens die Verfasserin von
Bunsens Leben nicht unwichtige Winke gegeben. „Es
könnte wohl nach den Gründen des festen Vertrauens
auf Seite Spiegels gefragt werden, die päpstliche Zu=
stimmung zu erlangen, die er versprochen, und auf die
er sich verlassen hatte. Man muß voraussetzen, daß
der verständige und wohlunterrichtete Prälat sich besser
als die Berliner Regierung des Wertes der Konzes=
sionen bewußt war, welche freiwillig angeboten waren
in Erwiderung für die sehr unwichtigen Konzessionen
der Kirche, und daß er sich nicht in dem Glauben
irrte, daß der ganze Gegenstand jetzt nicht länger Ein=
wände beim Papste finden würde. . . Zur heutigen
Stunde, obgleich kaum ein Vierteljahrhundert von jener
Zeit entfernt, wird es fast unglaublich erscheinen, daß
in dieser Konvention die Aufhebung der Zivilehe, die
in Rom so besonders anstößig und so selbstverständlich
ein Sicherheitsventil für die Nichtkatholiken war, von
Preußen als Lohn für die Einwilligung der Bischöfe
versprochen wurde."

Auf das gesamte Charakterbild des Erzbischofs

Spiegel als solches fällt übrigens wohl das hellste Licht aus den Briefen des Generalvikars Hüsgen und des Domkapitulars München über seine Krankheit und seinen Heimgang. Da wir hier zum ersten Mal seit langer Zeit den Versuch machen durften, das Andenken des edlen rheinischen Kirchenfürsten von unwürdigen Entstellungen zu reinigen und sein Bild in dasselbe Licht treten zu lassen, in welchem die Zeitgenossen es schauten, darf der Hinweis auch auf diese Aktenstücke nicht fehlen. Die Krankheitsberichte Hüsgens heben besonders „die erstaunenerregende Ergebenheit und Geduld" des Kranken hervor. Über seine letzten Wünsche aber für die ihm so sehr ans Herz gewachsene rheinische Kirche hat der Erzbischof durch München berichten lassen. Die Briefe des letztern verdienen in ihrem eignen treuherzigen Wortlaut gelesen zu werden:

(9. Juni 1835). „Seine Erzbischöfliche Gnaden haben mich beauftragt, „unserm Biedermanne" in Rom, Ew. Hochw., Nachricht von dem höchst betrübenden Gesundheitszustande Hochderselben mitzuteilen. Dieses thue ich mit wundem Herzen, weil mich die Leiden des hochverehrten und treugeliebten Kranken und die Erwägung der kirchlichen Verhältnisse rührend wie ein Kind und zugleich erschütternd angreifen; und doch thue ich es gerne und zwar ausführlich, weil es Ew. Hochw. zugeht und ich weiß, wie großen Anteil

Sie daran nehmen. Von dem Anfalle, der uns zu Uerdingen in der Nacht vom 20. auf den 21. vorigen Monats in Schrecken setzte, haben Ew. Hochw., glaube ich, bereits durch den Generalvikar, Herrn Dechant Hüsgen, einiges erfahren. Er bestand in einer Lungenentzündung mit so furchtbarer Brustbeengung, daß die Ärzte augenblicklichen Tod befürchteten, und war hervorgebracht durch zurückgetretene Gicht, welche sich auf die Lunge geworfen hatte. Die Witterung war unbeständig und vorherrschend naßkalt, und durch das Firmen in Krefeld und das Besuchen der Kirchen, wo wir durchfuhren, hatten sich seine Erzbischöflichen Gnaden, namentlich in der Brust, erschöpft und erhitzt. Freilich hätten Hochdieselben diese anstrengende Reise nicht unternehmen sollen! denn den ganzen Winter litten Hochdieselben an Gichtschmerzen und vierzehn Tage vor der Reise besonders im Unterleibe; allein in Berufsgeschäften hatte der unermüdliche Herr sich noch nicht schonen gelernt, und da sich der Arzt eher eine gute Wirkung von der Bewegung versprach, so konnte niemand mehr mit Erfolg widerraten.

Seine Erzbischöflichen Gnaden beauftragten mich nun, Ew. Hochw. zu berichten; Hochdieselben glaubten zwar, sich wieder von diesen Anfällen zu erholen, bei der großen Schwäche und dem vorgerückten Alter aber könne es nicht mehr ein Jahr währen; Ew. Hoch-

wohlgeboren möchten die Gefälligkeit haben, dem hei=
ligen Vater, welchem es doch interessant sein würde, die
gegenwärtige Lage der Erzdiözese zu kennen, von dem
bedenklichen Gesundheitszustande Kenntnis zu geben, da=
mit bei der nahen Verwaisung der Erzdiözese die etwa
erforderlichen Maßnahmen eingeleitet werden möchten.
Alle übrigen Aufträge inzwischen sind auf ein nahes
Hinscheiden berechnet. So erhielt ich unter anderm
diesen Morgen die Schlüssel zu den Verschlüssen mit
der Äußerung: „In Ihren Händen ist alles wie in
den meinigen." Hochdieselben sind ganz ergeben in die
Fügungen Gottes, ruhig und von ganzer Seele fromm,
in allem, was vorgeht, ein unvergleichliches Muster. —
Wie sehr mein Gemüt darunter leidet, kommt zwar
nicht in Betracht; aber Ew. Hochw. muß ich's doch
klagen."

(22. Juli 1835.) . . . „Gestern nach neun Uhr
fragten Seine Erzbischöflichen Gnaden nach mir, wo
ich gerade im Dom das Hochamt hielt, und bei mei=
ner Zurückkunft gaben Hochdieselben zu erkennen, daß
mir noch der wichtigste Auftrag, der denselben am
meisten zu Herzen gehe, gegeben werden sollte, wozu
Sie sich aber zu schwach fühlten; aus Grund des Her=
zens, nach strenger Gewissenhaftigkeit und aus Gewissens=
pflicht und Liebe für die Religion wurde er auf dem
Todesbette, wo keine unlauteren Interessen mehr täu=

schen könnten, gegeben, allein wegen Schwäche als heute erst, da Gott dieselben doch noch nicht so schleunig abberufen würde. Soeben nun, um neun Uhr des Morgens, habe ich ihn als das wichtigste Testament Seiner Erzbischöflichen Gnaden, welches Hochdieselben nur meinen Händen anvertrauen könnten, erhalten. Er besteht in einer Mitteilung an Ew. Hochw. und betrifft die künftige Verwaltung der Erzdiözese. Diese Mitteilung will ich ganz treu und soviel ich kann mit den nämlichen Worten machen.

Zuvörderst danken Seine Erzbischöflichen Gnaden Ew. Hochw. lebhaft für die Hochdenselben erwiesene Liebe und sind innig gerührt durch die Teilnahme Seiner Heiligkeit, welche Hochdieselben als eine besondere Gnade des Himmels ansehen. Sodann soll ich Ew. Hochw. melden, daß die Erzdiözese Köln für die katholische Kirche und den preußischen Staat von großer Wichtigkeit sei. In ersterer Beziehung werde Köln nicht nur Gegenstand des Augenmerks der übrigen Diözesen in Deutschland, sondern auch von bedeutendem Einflusse auf kirchlichen Sinn und Zucht bleiben; in letzterer Beziehung sei das Gewicht unbestreitbar und anerkannt. Dieses erfordre aber, daß es rein und ernst katholisch gehalten werde. Preußen könne sein Landwehrsystem nicht mit Gedeihen durchführen und aus den fortschreitenden Entwickelungen nicht die erwarteten

Vorteile in Ruhe und Frieden genießen, wenn nicht das Volk durch ernsten katholischen Sinn geleitet und durch kirchliche Zucht in Schranken und Ordnung gehalten würde, und wenn nicht durch beides dem Geist der Frivolität aus dem benachbarten Frankreich und im Gefolge des wachsenden Reichtums entgegengewirkt würde. Und das erfordre an der Spitze der Erzdiözese einen kräftigen und zuverlässigen Mann. Durch die katholische Kirchenverfassung sei nun zwar dafür gesorgt, daß die Verwaltung nach Hochderselben Ableben fortgesetzt werde; allein das sei unter den obwaltenden Zuständen unzureichend. Bis dahin nun, daß ein neuer Erzbischof konsekriert würde, würden wohl zwei Jahre vorübergehen. Daher müsse der Bedacht darauf genommen werden, daß der geeignete kräftige Mann irgend ermittelt und als apostolischer Generalvikar angestellt würde. Und dazu möchten Ew. Hochw. so gefällig sein, die erforderlichen Einleitungen alsbald zu treffen. Das sei Seiner Erzbischöflichen Gnaden angelegentlichster Wunsch und wichtigstes Testament. Seine Erzbischöflichen Gnaden äußerten noch hierbei, nach Vorlesung des Vorhergehenden, die Voraussetzung, daß Ew. Hochw. Se. Majestät den König bald von der Sachlage in Kenntnis setzen würden, und sprachen die Überzeugung aus, daß vor allem Sr. Majestät am meisten Gott und unser Heiland wahr und ernstlich am Herzen liege."

(3. Aug. 1835.) „Geſtern hat es Gott gefallen, unſern Hochwürdigen Herrn Erzbiſchof zu ſich abzuberufen. Er entſchlief zwanzig Minuten vor zwölf Uhr des Mittags. In den letzten Stunden hatte er noch große Schmerzen zu leiden; er blieb aber ſo ruhig, ſo fromm mit den Umſtehenden mitbetend, daß es herzzerreißend und zu= gleich erhebend war. Die Agonie währte zwei Tage; doch zeigte ſich kein erſchreckender Zug, nicht eine Spur von Furcht, ſondern lediglich herzinnige Gottergebenheit und Frömmigkeit. In den letzten Tagen beauftragte er mich noch, von allen Freunden den freundlichſten Abſchied zu nehmen. Dazu gehörten vor allen Ew. Hochw., wie mir bekannt iſt, daß er Sie wahr und innig verehrte. Geſtern war ich nicht nur zu ſehr von al= lerlei zutreffenden Anordnungen in Anſpruch genommen, ſondern auch im Herzen zu krank, als daß ich hätte ſchreiben können. Denn ich verlor meinen unvergeß= lichen Wohlthäter, meinen verehrteſten und am treueſten geliebten Herrn, dem ich der vertrauteſte und ſo ganz innige Freund geweſen bin, wie er mich im Leben und noch in den Sterbetagen überzeugte. Ich kann nur trauern und für ihn beten und bitten, daß auch Ew. Hochw. Seiner Seele im Gebet eingedenk ſein möchten.“

Mit dieſen Berichten über den Heimgang des from= men Mannes möge ſchließlich noch der nur wenige Monate jüngere Brief desſelben Berichterſtatters über

die unmittelbar nach Spiegels Tode begonnenen Wüh=
lereien verbunden werden. Ist derselbe auch nicht nur
in Bunsens Biographie zum Abdruck gekommen, sondern
daraus unter anderm bereits in Schmids Geschichte der
katholischen Kirche übergegangen, so erscheint er doch
gerade als Abschluß des Lebensbildes an dieser Stelle
unmißbar.

(6. November 1835.) „Ew. Hochw. danke ich herz=
lich für das sehr freundliche und wohlwollende Schreiben
vom 10. vorigen Monats, das mir wieder neuen Mut
brachte. Bei allen Gutgesinnten steigert sich der Wunsch,
daß doch recht bald der geeignete Mann für die Erzbiö=
zese gefunden werden möchte, und ich insbesondere möchte
gern, wenn ich könnte, das Mögliche thun, um das
Geschäft zu beschleunigen. Denn seit dem Heimgang
unsres Hochwürdigsten Herrn sind, als wenn er abge=
wartet worden wäre, bedenkliche Gährungsstoffe in die
Masse geworfen worden, was das Auftreten eines be=
sonnenen und angesehenen Mannes notwendig macht.
Bald nachher erschien nämlich in Augsburg eine kleine
Schrift unter dem Titel: „Beiträge zur Kirchenge=
schichte des 19. Jahrhunderts in Deutschland", von re=
volutionären Tendenzen. Sie wurde rasch und viel=
fach verbreitet, hat die Gemüter stark ergriffen und
einen Eindruck hinterlassen, der bedenklich werden kann.
Ein Hauptgegenstand zur Aufregung sind die gemisch=

110

ten Ehen, worüber auch ein besonderes theologisches Gutachten angehängt ist, welches das päpstliche Breve wörtlich mitteilt und samt dem erzbischöflichen Rundschreiben erörtert. Dieses Gutachten ist bitter, und es scheint darauf berechnet, Verwirrung, Verlegenheit und Mißtrauen hervorzurufen. Es dürfte nicht schwer sein nachzuweisen, daß, ganz im Vertrauen angedeutet, der Propst Claessen in Aachen, den das Gerücht als einen der Kandidaten des erzbischöflichen Stuhles bezeichnet, der Verfasser ist. Er ist ein schreibseliger Mann, der sich mehr und mehr zur fanatischen Seite hinneigte, und auf dessen eingreifende Anmaßung Se. Erzbischöflichen Gnaden immer aufmerksam sein mußten. Der Inhalt dieser Schrift beschäftigte noch die Gemüter lebhaft, als die Damnationsbulle gegen die Schriften des seligen Herrn Professor Dr. Hermes bekannt wurde. Der Erlaß wird hier allgemein als ein beklagenswerter Mißgriff bedauert. Nur wenige leidenschaftliche Menschen frohlockten, da selbst besonnene Gegner des Systems sich betrübten. Die Folgen lassen sich jedoch noch nicht berechnen, da schon der gemeine Mann die Sache in verschiedenem Sinne verhandelt. Gott gebe, daß sie geringer sein werden, als man befürchtet!

Ich hätte früher alles darauf in Wette gesetzt, daß sich der apostolische Stuhl auf die Damnation nicht einlassen würde. Diese Gährung der Gemüter wird

in auswärtigen Blättern benützt, um Mißtrauen und
Haß zu steigern und auf einzelne Personen hinzuwen=
den. So steht im Oktoberhefte des in Lüttich erschei=
nenden „Journal historique et littérdire" Seite 293
bis 296 ein aufreizender Aufsatz über die Verhand=
lungen in betreff der gemischten Ehen. Darin wird
Ew. Hochw., der Landesregierung und der Herren Bi=
schöfe gar nicht geschont, und am Ende heißt es von
mir, Ew. Hochw. hätten mir den roten Adlerorden und
jenen des heiligen Gregorius zu verschaffen gewußt,
zur Vergeltung „pour avoir trahi les principes
catholiques et opprimé les consciences". Dieser
Aufsatz ist wahrscheinlich in der Erzdiözese Köln ent=
standen und steht mit jenen „Beiträgen" in Verbindung.
Es scheint mir zur Erhaltung der Ruhe im Lande ein
dringendes Bedürfnis zu sein, daß von seiten der Lan=
desregierung die Verfasser solcher Aufsätze alsbald und
mit Schärfe ermittelt und unschädlich gemacht werden;
ihre Gesinnungen und ihre Handlungsweise sind doch
gewiß ebenso gefährlich und ungerecht als an sich un=
sittlich und unchristlich.

Dieses schreibe ich mit tiefer Betrübnis, denn seit
dem Hinscheiden meines unvergeßlichen Herrn ist mir
schon so vieles Unangenehme begegnet, daß es mir vor=
kommen will, als hätten die Übelwollenden einen lange
verhaltenen Groll nun ausgelassen. Es streitet eben=

sosehr mit meinen Gesinnungen als mit meinem Ge=
fühle, gegen dergleichen heftig anzukämpfen, am meisten
aber gegen Angriffe wie die angedeuteten öffentlich aufzu=
treten. Und so stehe ich beinahe wie schutz= und wehrlos.“ —
Die „Kölnische Zeitung (Königl. Preuß. Provinz Jülich=
Cleve=Berg)“ Nr. 216 vom 4. August 1835 widmete
dem Erzbischof einen Nachruf mit schwarzem Rande, in
dem es hieß: „erst die Nachwelt wird den Segen
Seines Episkopats ganz zu würdigen vermö=
gen“. Das ist denn wahr geworden, zwar in anderm
Sinne, als das Blatt es meinen, oder auch in höherm
Grade, als dasselbe es damals ahnen mochte. Sodann
entnahm die Zeitung dem zweiten Heft der „Zeitschrift
für Philosophie und katholische Theologie“ einen län=
gern Lebensabriß. — Die Zeitungen arbeiteten damals
doch langsamer als heute. Erst am 9. August bringt
die Kölner einen Artikel vom 8.: „Die Bestattung fand
gestern (7.) statt . . . . Und so ruhet denn auf unse=
res allergnädigsten Königs huldvolles Geheiß des hoch=
geehrten und geliebten Oberhirten sterbliche Hülle, in
welcher Er unter uns wandelte und so segensreich wirkte,
in dem Haupttempel der alten Metropole, gleichsam sinn=
bildlich den Grundstein der Aera bedeutend, welche
durch Ihn für das Kölnische Erzbistum begon=
nen hat: mit Gott und mit Ehren!“ Diese kaum
begonnene Aera wich alsbald — den Kölner Wirren!

Druck von Pöschel & Trepte in Leipzig.